美人に
見られたければ
顔の「下半分」を
鍛えなさい!

歯科医が教える
整形級美顔術

講談社

Prologue

整形手術をしなくても、誰だって美人の人生を歩めるんです！

ブスで生まれたら、ブスの人生。
美人で生まれたら、美人の人生。

かわいい子は「かわいい」とほめられ、私のようにそうでない子は「元気ね」「いい子ね」と、容姿以外でほめられることに、小さい頃から自然と気づいていました。

男女ともに彼氏彼女を見つけようと必死になる大学時代になると、顔の格差はもっと露骨に開きました。

顔では勝負できないと踏んだ私は、何とか努力をして彼氏をつくりましたが、美人はかっこいい男子を選び放題。**あんな顔に生まれていたら私だって……**と横目に見つつ、私は私なりに歯学部の勉強に打ち込み、内面磨きに精を出したのです。

そして30代。ふと気づくと20代にちやほやされていた同級生の美人たちにも、私と

11年前

口元がゆがみ、笑い方にも自信のなさがあふれています。

24年前

中学生の頃。一生懸命、メダカの研究をしていました。

今の私

13年前

お見合い用の写真。垢抜けなさが前面に出ています。

現在の私。美人顔になるべくまだまだトレーニング中です。

同様に老いが訪れます。そんな元美人にあぐらをかいている（！）女子たちから、男性たちが離れていくのを目の当たりにしたのです。

もしかしたら、今なら美人に勝てるかもしれない……。そう思った私は、歯科医師として顔の骨格と筋肉、特に口まわりを中心に、美人とはどんなものか？　を調べまくり、自分の顔でそれを実験しました。

その集大成が本書です。

顔を美人に近づけるだけで、こんなにも毎日が楽しくなるなんて、思ってもいませんでした。顔を美人に近づけるだけで、素敵な人生を歩めるのです。

大した努力は必要ありません。少しだけ顔の筋肉を鍛えて、魅力的な笑顔をものにするだけ。**整形手術をしなくても、顔を変えることができるのです。**

自分は美人じゃないから……老けたから……、なんてネガティブな気持ちとはお別れしましょう。「今日から変わる！」と信じてください。

本書の美顔トレーニングで、私と一緒に美人顔への道を歩みましょう！

たった1週間で
こんなに変わった！
「下半分」美顔術の
スゴい効果

たった1週間で

面長が目立たなくなり やわらかな印象に！

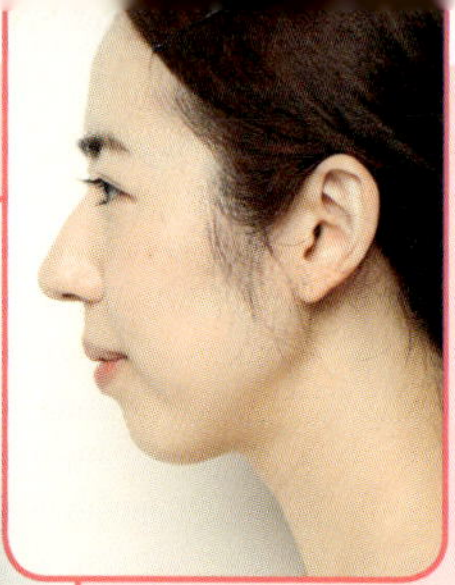

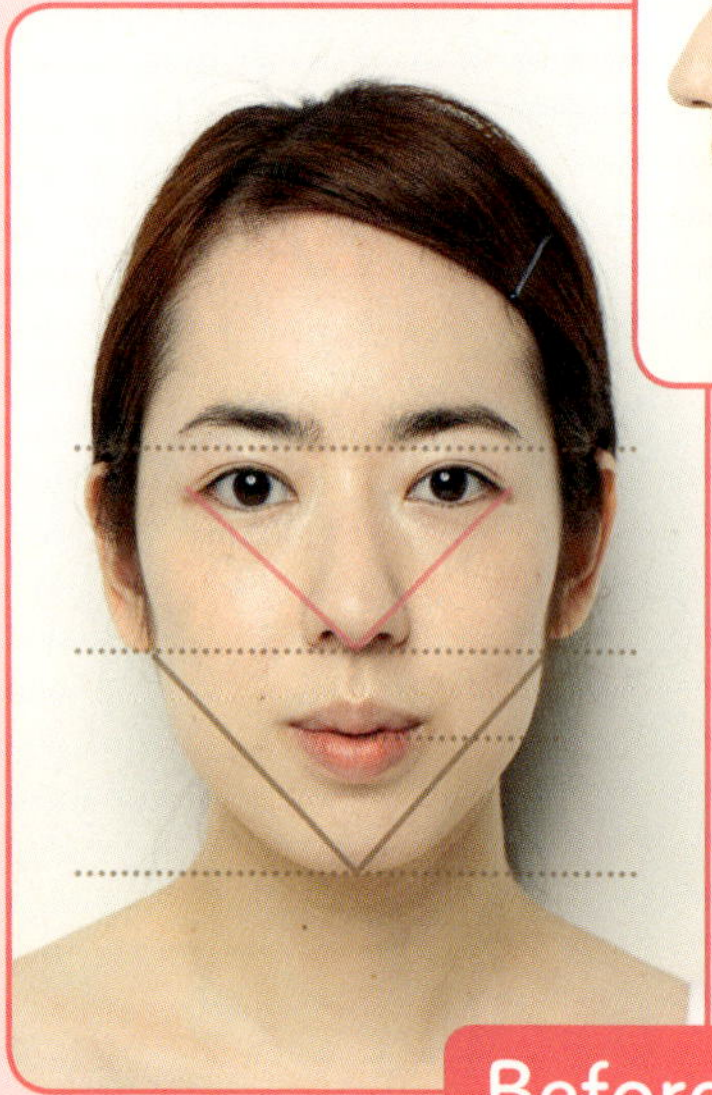

Before

with girls

徳山沙季さん（29歳）

「しなやか」タイプ代表

※タイプについては、P114をチェック!

FP ▸ 1.11

LP ▸ 2.53

バランス角 ▸ 83.9度

小顔角 ▸ 83.3度

あごの形 ▸ 丸型

※数字の詳しい見方はP112～114をチェック!

目と目の距離が近く、顔が長く見える徳山さん。鼻の下から口までの長さを短くするチュートレ（P70）と、頬の位置を高くするチークアップ エクササイズ（P66）を行い、顔の重心を上に持ち上げたことで顔の長さが短く見え、ふんわりした印象に。「面長が目立たなくなり、やわらかな印象になって嬉しいです」（徳山さん）

頬の張りや唇の緊張がとれて、表情までやわらかな愛され女子の雰囲気に変わりました!

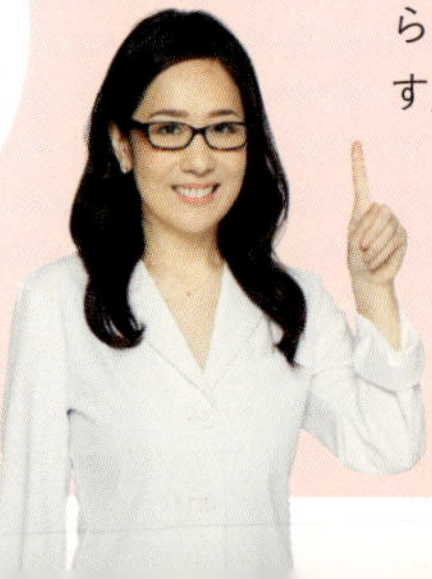

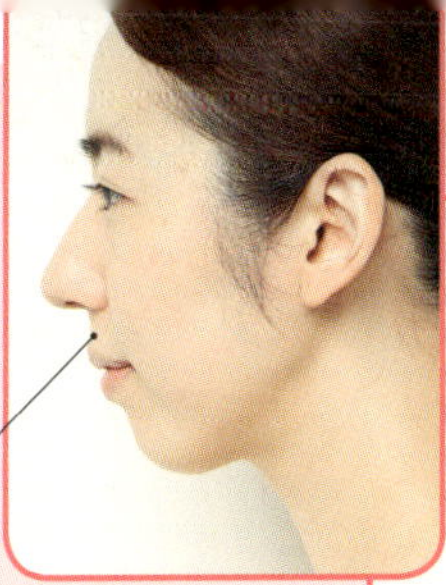

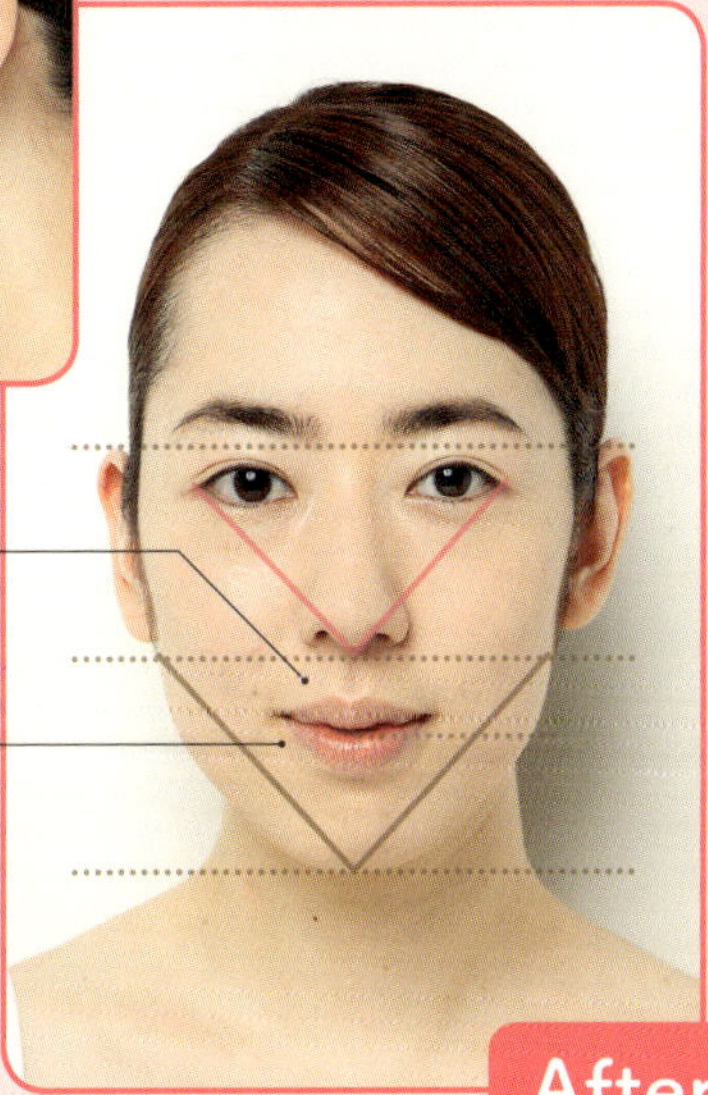

鼻の下の長さが
短くなった！

唇と頬の
硬さがとれた！

After

完璧な卵型に近い
ふんわり
やさしい顔

FP ▸ 1.07
LP ▸ 2.72
バランス角 ▸ 83.6度
小顔角 ▸ 85.5度
あごの形 ▸ 丸型

Make Up

メイクのポイント

長い顔を丸く見せるために、アイメイクは眉、目尻ともに長めに描いています。またチークを少し鼻寄りの位置に入れることで、ふんわりやさしい印象に。

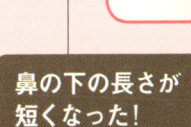

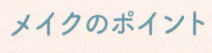

たった1週間で

鼻の下の長さが短くなり好バランスに！

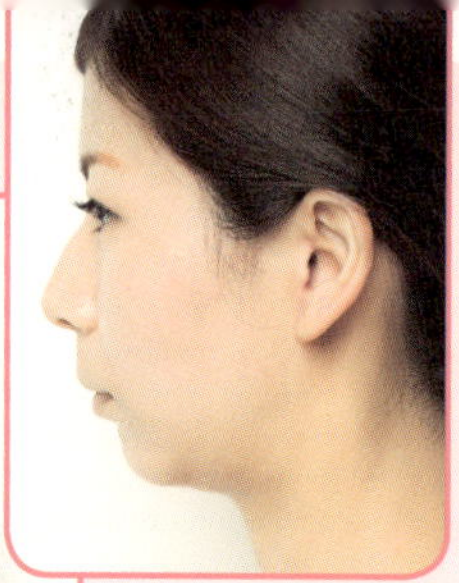

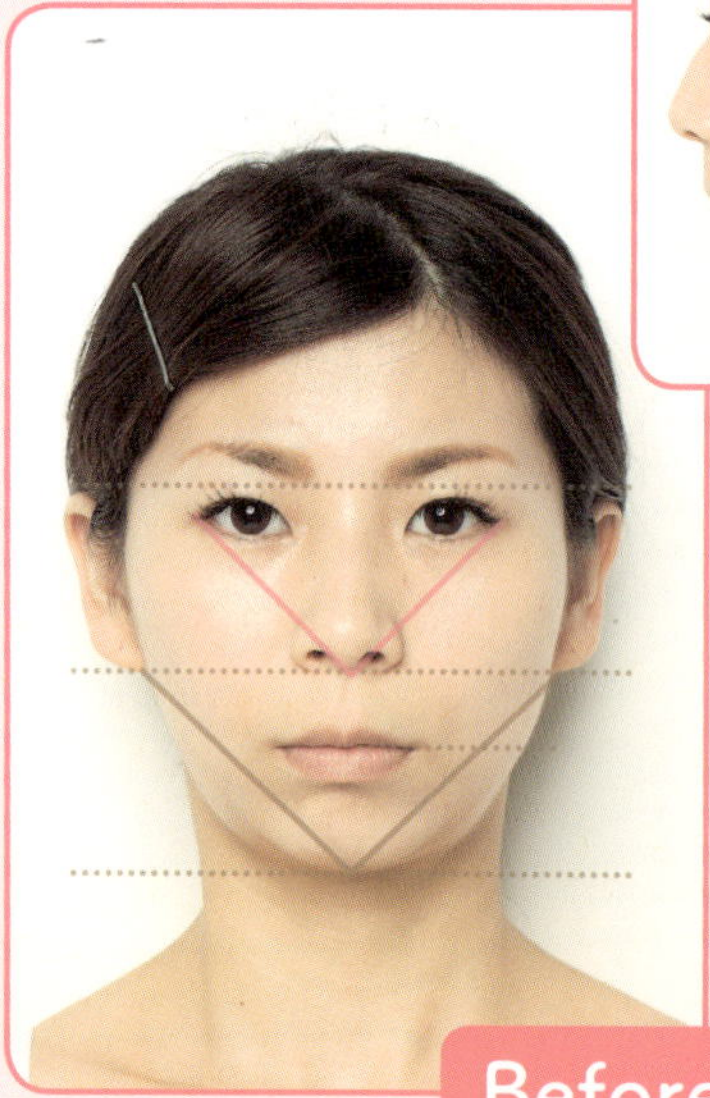

Before

with girls

鶴崎真純さん（26歳）

「華やか」タイプ代表

※タイプについては、P114をチェック！

FP ▸ 1.07

LP ▸ 2.52

バランス角 ▸ 85.0度

小顔角 ▸ 92.1度

あごの形 ▸ 三角型

※数字の詳しい見方はP112〜114をチェック！

下あごが小さいために、やせているのにフェイスラインがたるんで見えた鶴崎さん。また、鼻の下の筋肉が少し伸びているので、口角が下がって見えていました。1週間後の結果は？「あごのお肉がすっきりしました。頬がラクに動かせるようになったので自然に笑えます！」（鶴崎さん）

鼻の下が短くなって顔も若々しくなりましたね！

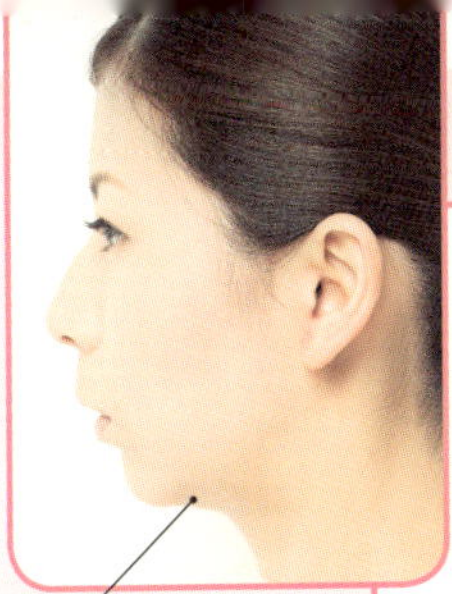

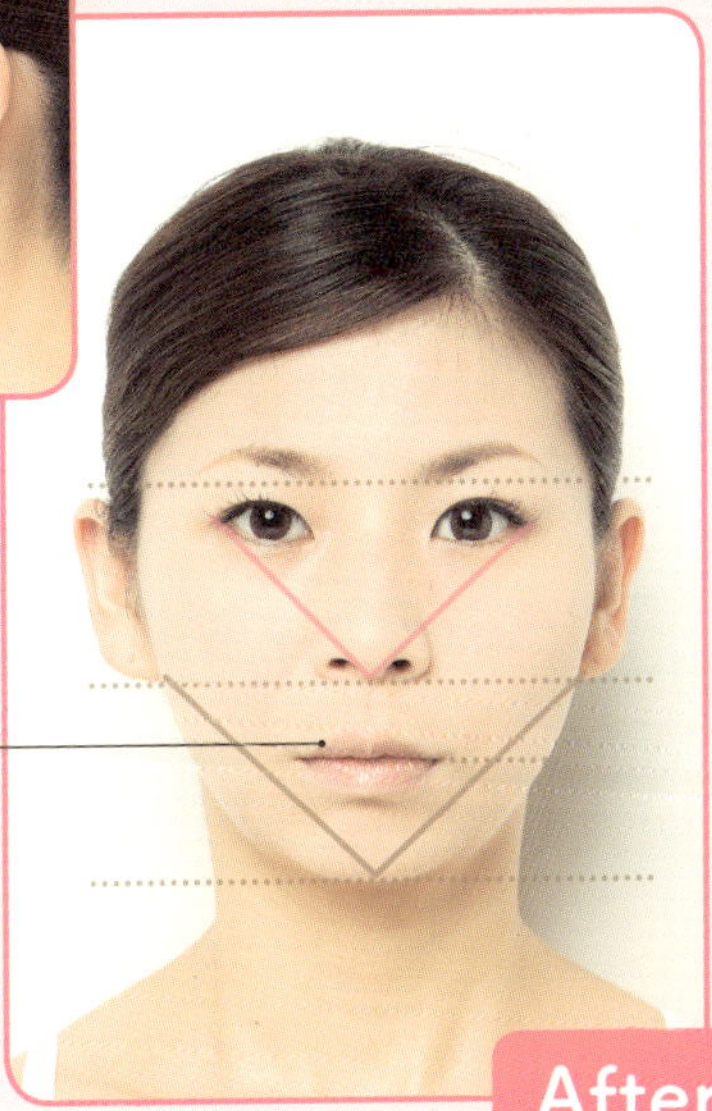

After

あごのたるみがなくなった!

上唇に厚みが出た!

大人のクール顔に!

FP ▸ 1.00

LP ▸ 2.81

バランス角 ▸ 86.3度

小顔角 ▸ 92.8度

あごの形 ▸ 三角型

Make Up

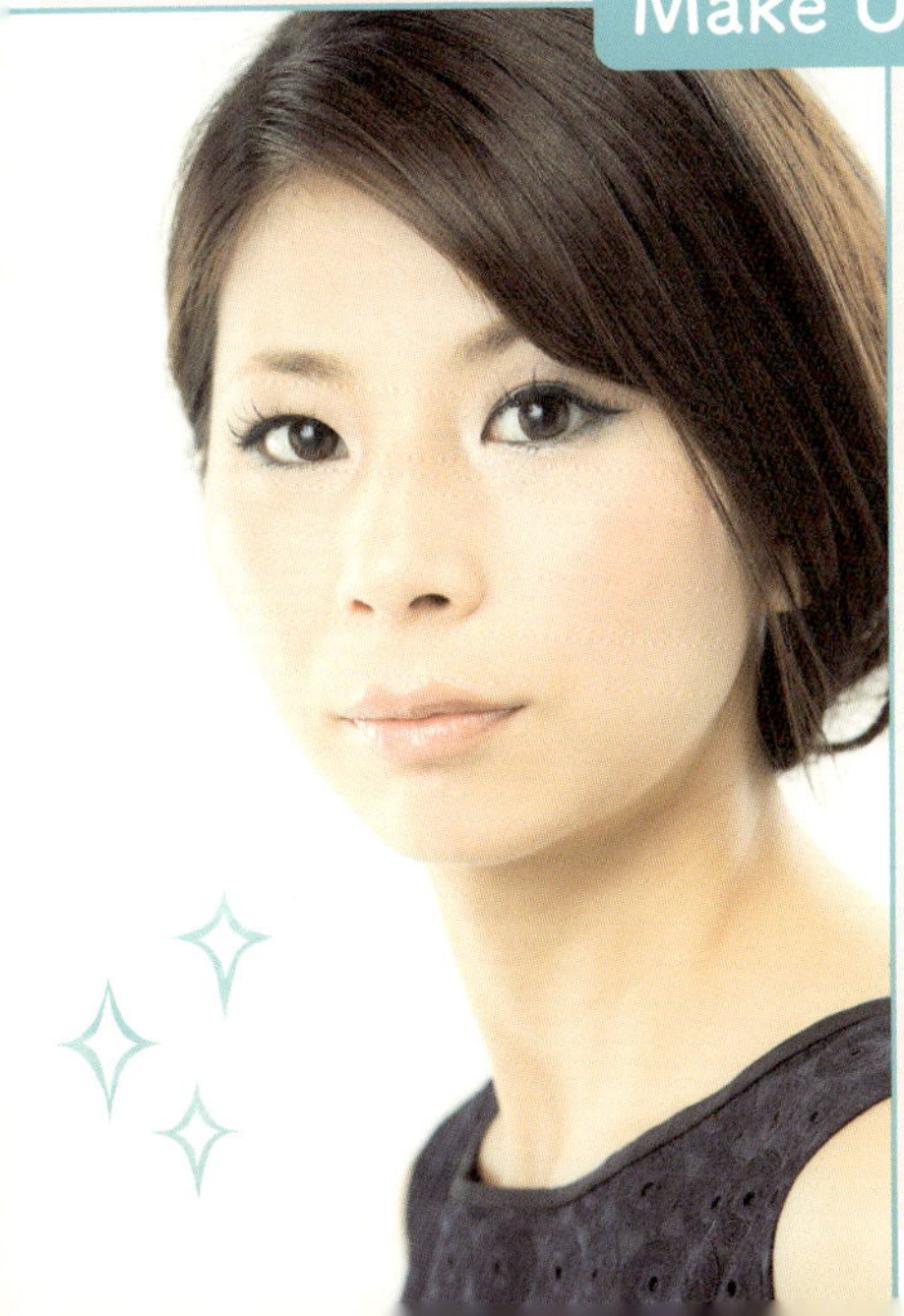

メイクのポイント

輪郭がシャープになったので、クールなメイクと短めヘアが似合います。バランス角が少し狭い（目と目の距離が近い）ので、アイラインを目尻から横に長めに引きました。

たった1週間で

がっちりあごが目立たなくなった！

with girls

小松崎絵理香さん（26歳）

「さわやか」タイプ代表

※タイプについては、P114をチェック！

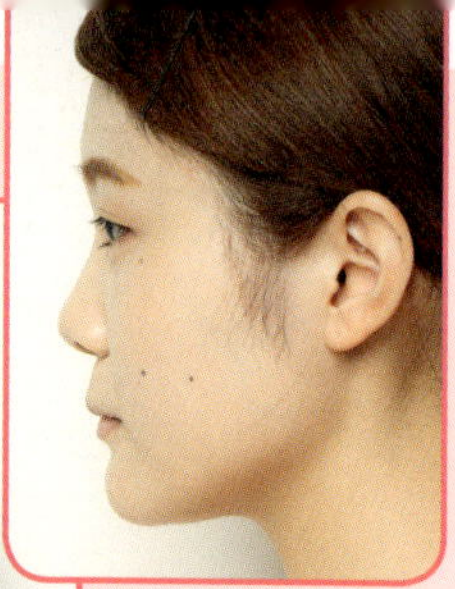

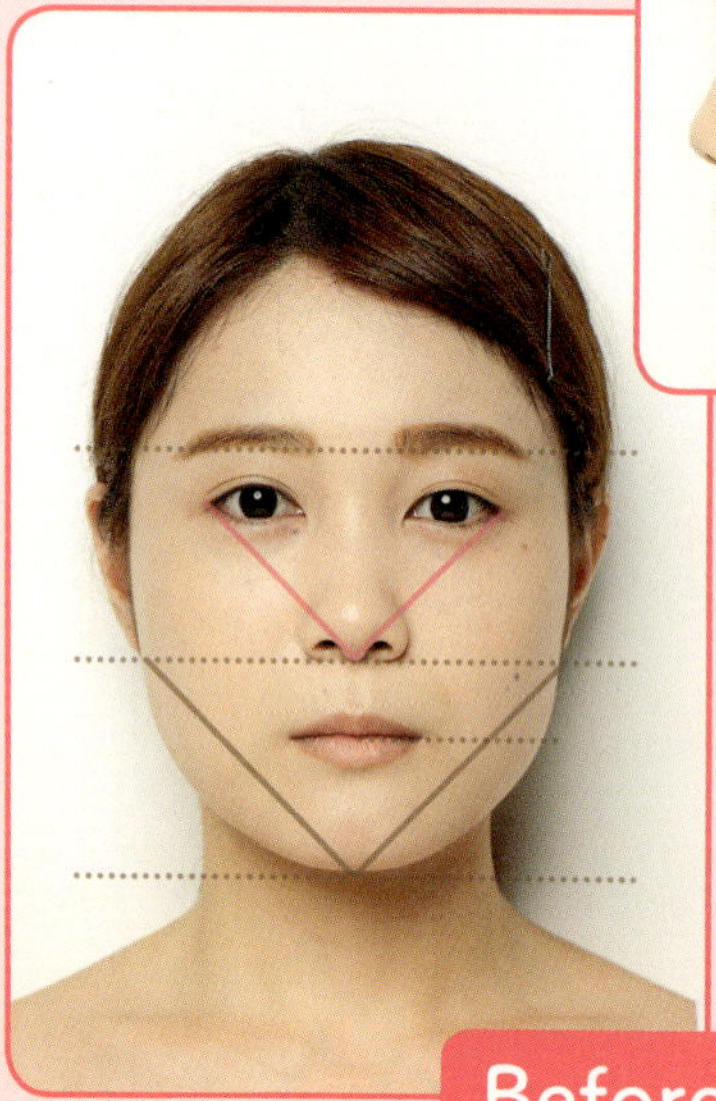

Before

FP ▸ 1.01

LP ▸ 2.91

バランス角 ▸ 81.8度

小顔角 ▸ 91.4度

あごの形 ▸ 四角型

※数字の詳しい見方はP112〜114をチェック！

あごががっちりしているのが気になるという小松崎さん。典型的な四角顔のせいで、顔がのっぺり見えていました。チークアップ エクササイズ（P66）で頬が引き上がったことで顔に凹凸ができ、あごがシャープになって三角顔に近づいています。「あごがすっきりしたのが嬉しいです！」（小松崎さん）

目はほとんど変わっていないのに、頬と口角が上がり、顔の下半分が短くなっただけで、モテ顔に変身！

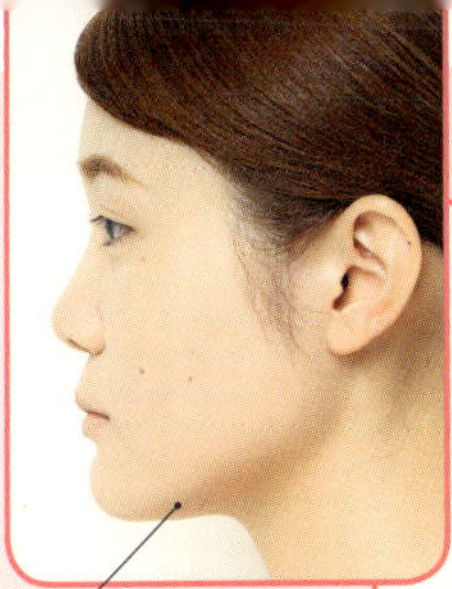

あごがすっきり!

口まわりの硬さがとれた!

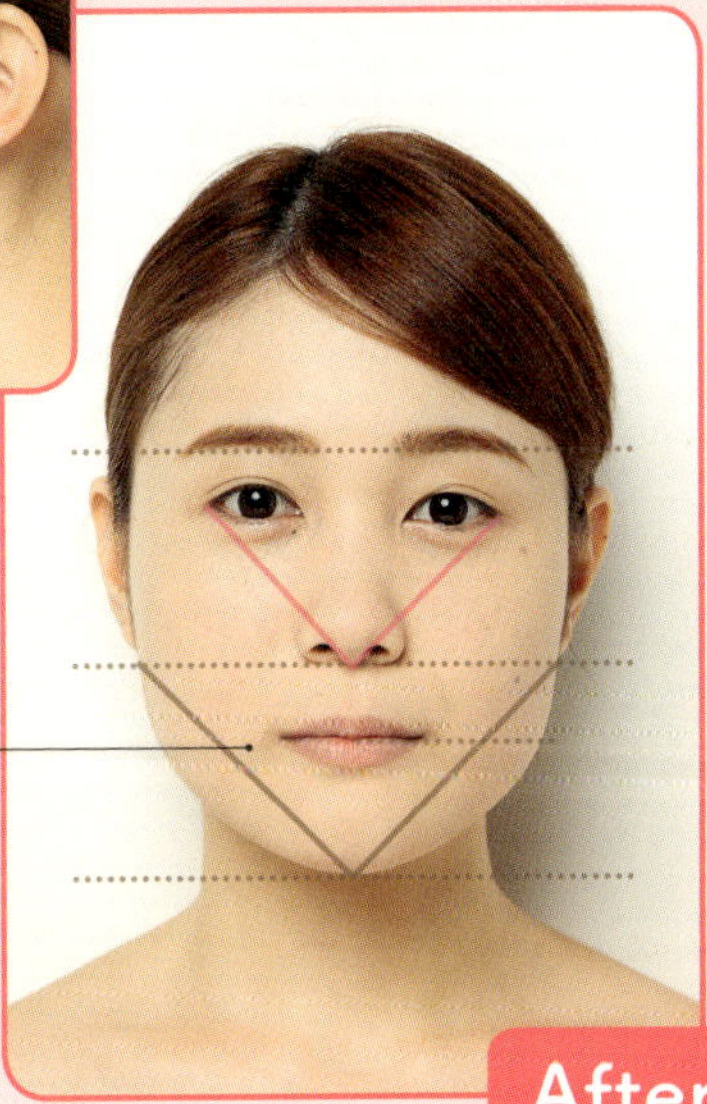

After

男子ウケも女子ウケもいい、究極のモテ顔の完成!

FP ▸ 0.99
LP ▸ 2.98
バランス角 ▸ 82.7度
小顔角 ▸ 92.8度
あごの形 ▸ 四角型

Make Up

メイクのポイント

さらに頬を上げて見せるために、頬の一番高い位置にチークを濃い目に入れます。バランス角が狭い（目と目の距離が近い）ので、アイラインと眉は少し長めに。

たった1週間で

フェイスラインがシャープになって小顔に

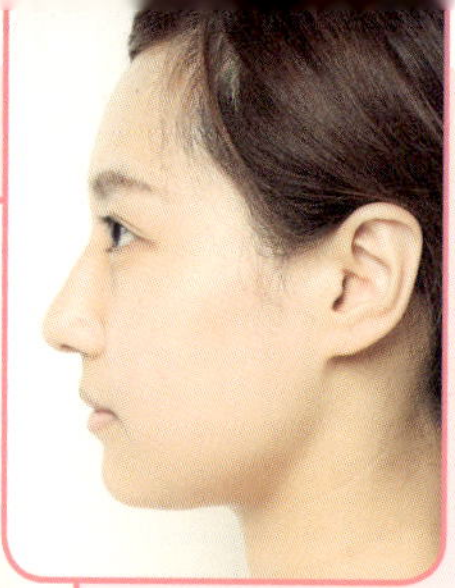

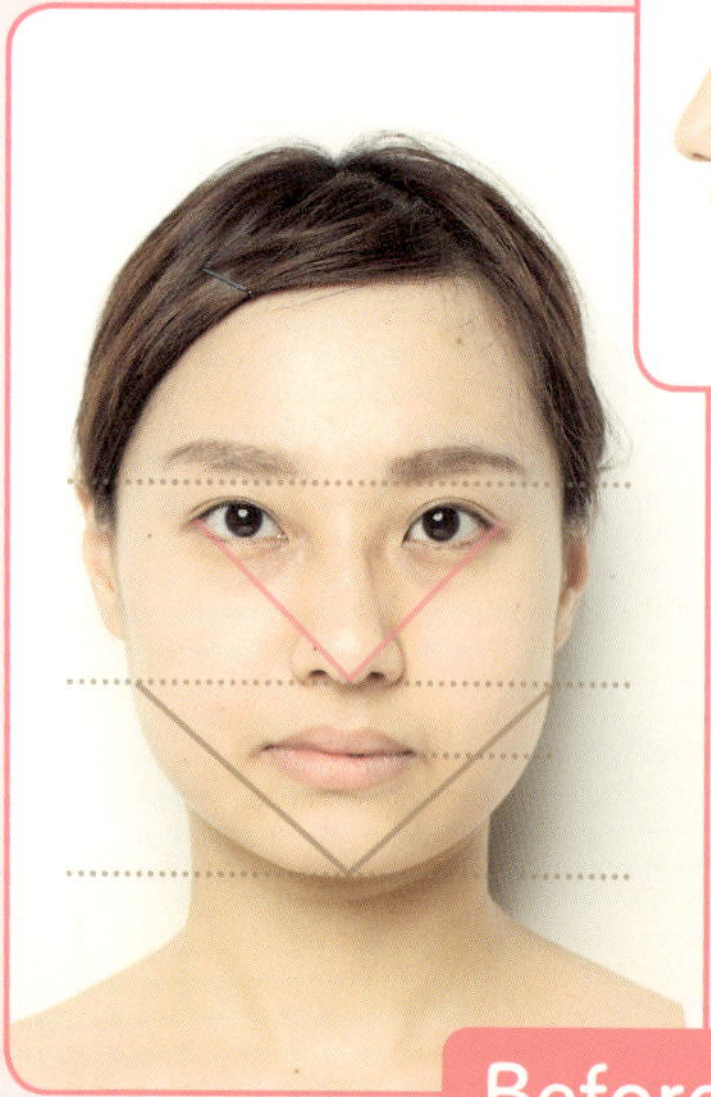

Before

with girls
坂本唯華さん(28歳)
「キュート」タイプ代表

※タイプについては、P114をチェック!

FP ▸ 0.94
LP ▸ 2.86
バランス角 ▸ 83.4度
小顔角 ▸ 96.4度
あごの形 ▸ 四角型

※数字の詳しい見方はP112〜114をチェック!

四角顔で口角が下がってゆがんでいるのが悩みという坂本さん。チークアップ エクササイズ(P66)を行ったことで、頬の筋肉が引き締まって小顔になりました！「毎日頑張った成果が出ました。やせたねと言われたのが嬉しい」(坂本さん)。老廃物の流れもよくなり、気になるくまも薄くなりました。

鼻の下が理想的な
長さになりました。
口角が上がったことで
ゆがみがとれて、
明るい顔に！

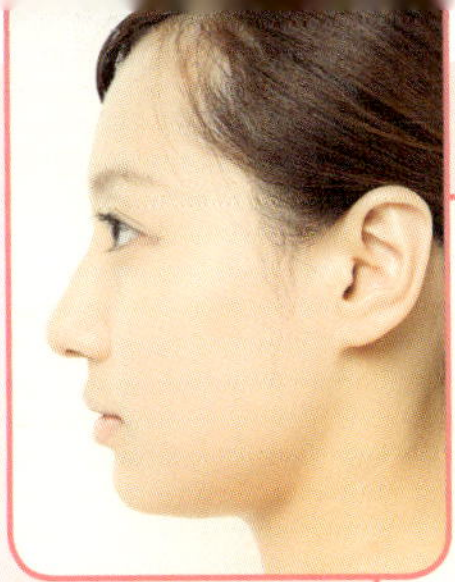

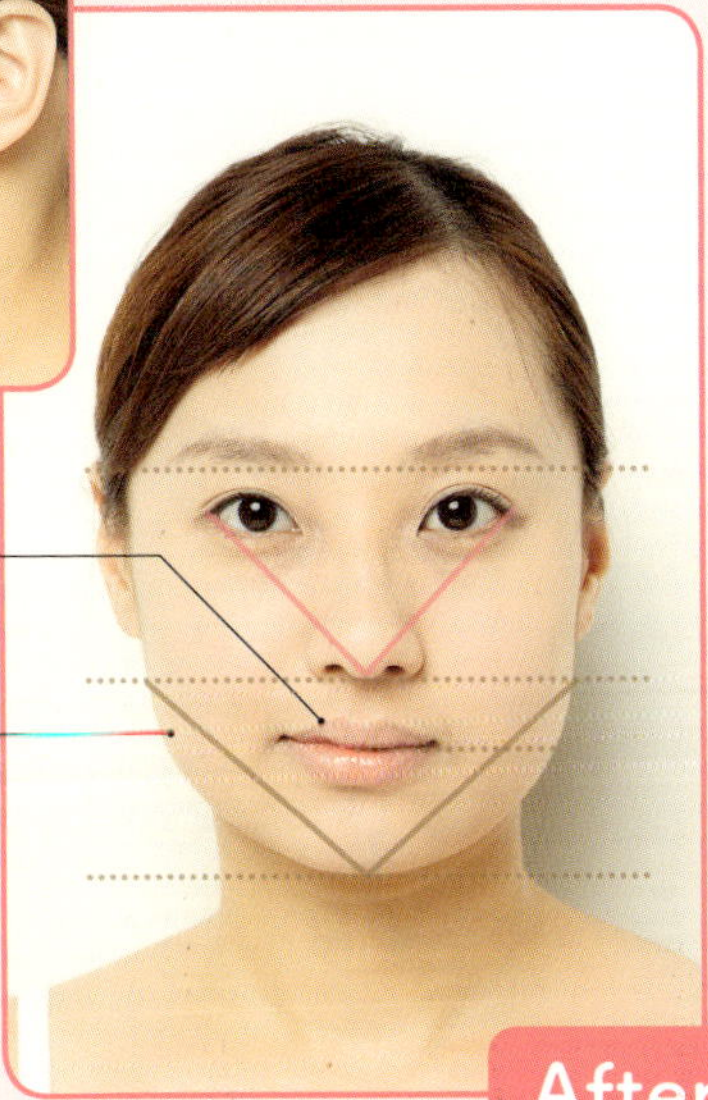
口のゆがみがとれた!
フェイスラインがすっきり
After

顔が小さくなって
憧れの
ハーフ顔風!

Make Up

FP ▸ 0.92
LP ▸ 2.88
バランス角 ▸ 82.1度
小顔角 ▸ 96.9度
あごの形 ▸ 四角型

メイクのポイント

目が大きいのでアイシャドウは薄めに、アイラインを使って印象深いハーフ顔風に仕上げました。

ほかにも喜びの声がいっぱい！
顔の下半分が変わって、
こんな悩みが消えました

口元がコンプレックスで笑えなかったのに、今では笑顔をほめられています！

Fさん（23歳）

もともと口元がコンプレックスで、笑うときに口を隠すクセがありました。笑顔をつくることもとても苦手。だから、ステキな男性から誘われるなんて夢のまた夢だと思っていました。ところが、美顔術を始めて、固まっていた筋肉がほぐれて動き出してから、**自然な笑顔をつくれるようになり、**口のゆがみもなくなったんです。

最近では社会的に地位のある魅力的な男性と知り合い、すぐにデートに誘われました。彼曰く、最初に会ったとき、表情が豊かで何より笑顔がステキだと思ったそうです。

以前の私からは想像できないほどの**奇跡のような出会いが続いています！**　それもこれも美顔術のおかげです。

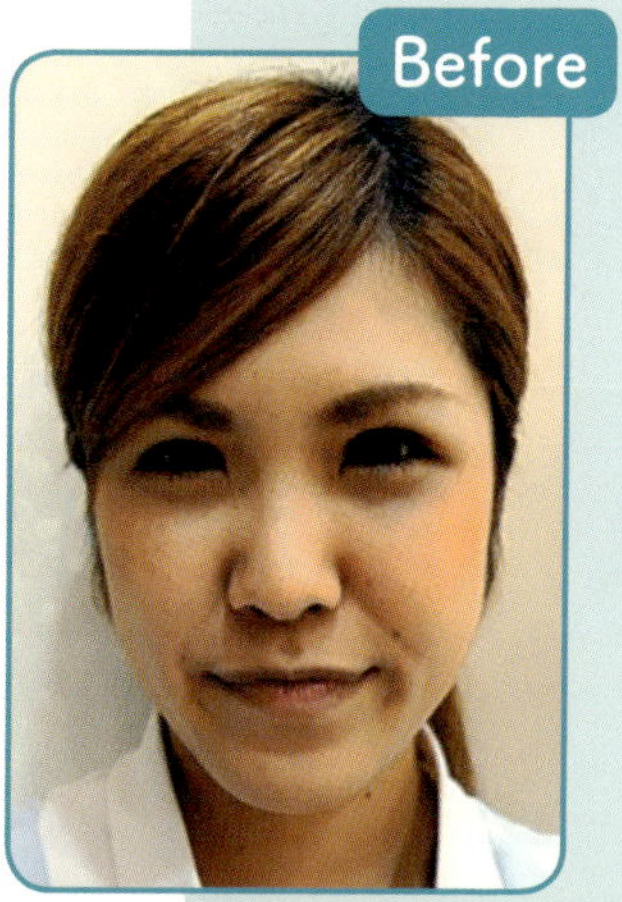

体重は変わらないのに、「やせた？」と言われた！ Oさん（35歳）

顔が丸顔で大きいため、実際よりも太く見られがちな私。美顔術と出会って、顔のトレーニングを始めたら、フェイスラインがみるみるうちにすっきりしてきたんです。そんなとき、たまたま会った友人に**「やせた?」と言われて大喜び。**その後も数人から同じことを言われました。ダイエットより、美顔術のほうが簡単にやせて見せることができるんですね。それに、**顔のむくみがなくなり、くまやシミが薄くなって、肌トラブルが激減。いいことずくめです。**

頬が上がってほうれい線が薄くなってきた Yさん（47歳）

若い頃はぷっくりとふくらんでいた頬の位置がたるんで雪崩を起こし始め、45歳を過ぎてからブルドッグのような頬と、深いほうれい線が気になっていました。年齢のせいだとあきらめていたときに出会ったのが、是枝先生の美顔術。1ヵ月続けると、動かなかった**頬が上がり、ぷっくり頬が復活。**ほうれい線も薄くなってきて、５歳は若く見られます。先日、久しぶりに高校の同級生に会ったら**「やせた?」「若返ったね!」**と言われて、嬉しい限りです。

顔が若返って気分までウキウキ！ Kさん（50代）

以前から美容に興味があり、月1回はエステに通って、美顔やイオン導入、毛穴洗浄など、さまざまな施術を行ってきました。

でも、先生の美顔術はこれまでの施術とは全く違いました。顔の筋肉を使うように意識しただけで、顔全体が引き上がり、各パーツがくっきりして、若々しくなったんです。注射や整形なしでもこんなに変わるなんて驚き！ **主人に「肌ツヤがよくなったね」とほめられました。**若々しい顔になって、気分までウキウキしています。

目次

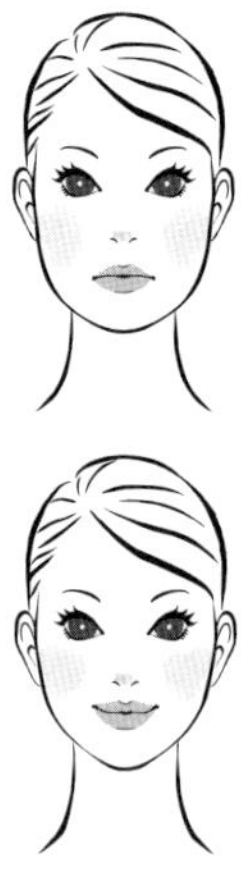

第2章 美人かブスかは、顔の「下半分」で決まる

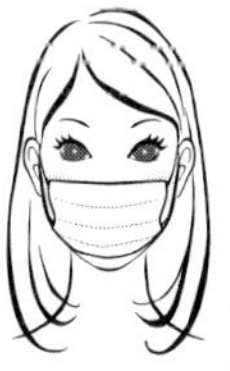

第3章 効果絶大！ 一回3分「下半分」美顔術

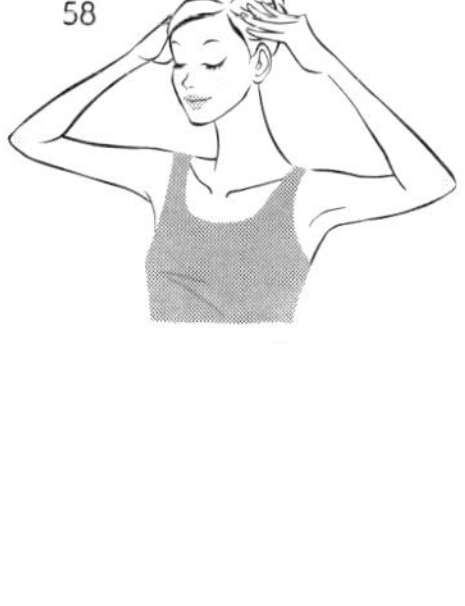

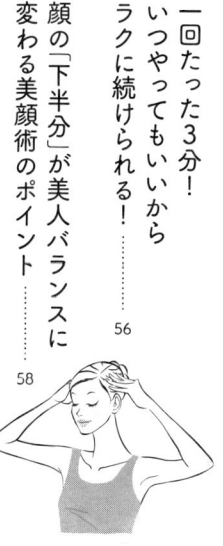

第4章
印象を大きく左右する！
瞬間美人顔レッスン

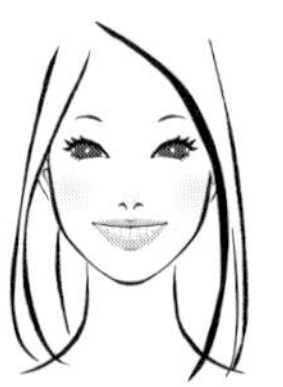

第5章
一般人も歯が命！ 美人歯のつくり方

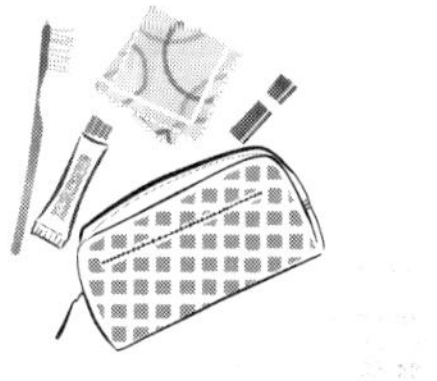

第6章
あなたの魅力がアップする 12パターンの美人顔診断

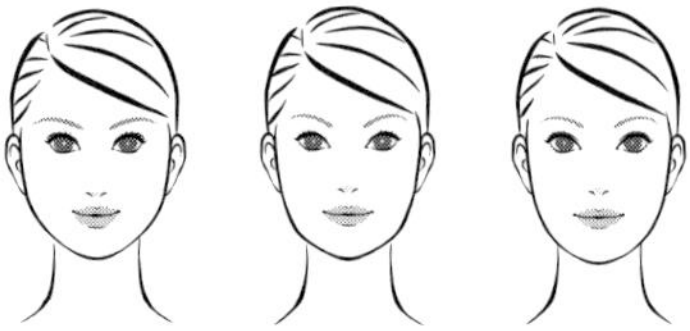

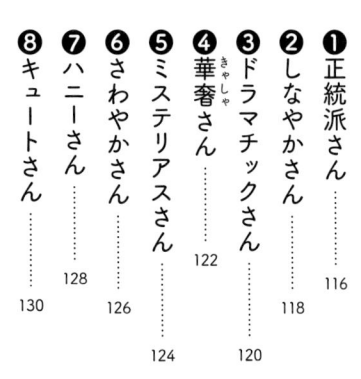

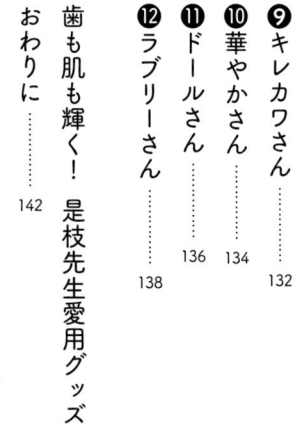

第1章

整形なしでも美人顔はつくれる！

女はやっぱり顔＝見た目が9割！

「見かけより、中身が大事！」と言いますが本当にそうでしょうか？

少し私自身のお話をさせてください。小さな頃からずっと自分の顔に自信がなく、コンプレックスのかたまりでした。そんな私は、一生懸命勉強をして〝大事な中身磨き〟に励んだのです。

顔がかわいい子には大人の対応が違うことに、何となく気づいていました。かわいい顔の子は何もしていなくても「○○ちゃんかわいいね」とほめられます。でも、私の場合は「伸子ちゃんはおりこうさんね」とほめられました。そのくやしさから、「かわいい子には負けない」という気持ちで、さらに勉強を頑張ったのです。

そして、男子学生が8割近くを占める歯学部に入学して、コンプレックスが加速します。男子の注目は少ない女子、しかも美人だけに集まりました。サークルの勧誘は美人に集中し、私には声がかかりません。美人は美人同士でグループを形成し、そのまわりにはイケメンが集まって、そこだけが輝いて見えます。あそこに入りたい！と思っても、顔に自信のない私は入っていくことができませんでした。

さらに授業でも、やっぱり美人は有利。歯学部では石膏の棒に歯型を彫刻する難しい課題があります。私は必死に彫り続けましたが、気づけば美人には男性の先生やできる男子学生が手を貸して助けています。イケていない組の私は、自己申告をしなければ誰も助けてくれません。誰の助けも借りられない私は、「美人になんて負けてたまるか！」と思いながら、自分の力だけで歯型を彫り続けました。おかげで歯型彫りはかなり上達しましたが（笑）、今ではこういう強情な態度も、非美人の私をさらにブスに見せていたことがわかります。

でもあの頃は、**顔の良し悪しだけで人生の損得が決まる世の中に失望していた**のです。「**女は顔が9割**」。美人に生まれていれば、みんなが助けてくれて、イケメンにモテて、楽しい人生が送れるはず。**そうでない私はどうすればいいのだろう？**と考え始めました。

美人もブスも皮をめくればみな同じ。整形しなくても顔は変えられる

歯学部在学中、ご献体を解剖させていただき、体や骨格、歯の仕組みを勉強しました。このとき気づいたのは、**顔のつくりは、美人でもブスでもみんな一緒**だということ。皮膚をめくればみんな同じなんです。

理科室にあった骨の模型や頭蓋骨に、美人やブスはあったでしょうか？　男性にモテる模型なんてなかったですよね？

人間の首から上は、頭部の骨とあごの骨の2つのパーツに分かれ、あごの骨は関節で頭の骨にぶら下がっています。そしてその上を筋肉、そして薄い皮膚が覆っています。美人であろうとなかろうと、これが顔の正体です。

では、美人とブスでは何が違うのでしょうか？　それは筋肉と皮膚に支えられた

目、鼻、口の形やバランスです。ここが美人とブスの分かれ道。

整形手術では、注射をしたりメスを入れたりして目、鼻、口のパーツを変えます（骨を削って骨格を変える場合もありますが）。しかし、目、鼻、口が筋肉で支えられているならば、手術をしなくても、ヒアルロン酸やボトックス注射をしなくても、筋肉を変えることで顔が変えられるのではないか、と思いあたったのです。

おなかが出てきたときや、脚が太くなったとき、ボディラインを引き締めるために筋トレをした経験はないでしょうか？　トレーニングで筋肉を鍛えると、脂肪の燃焼率が上が

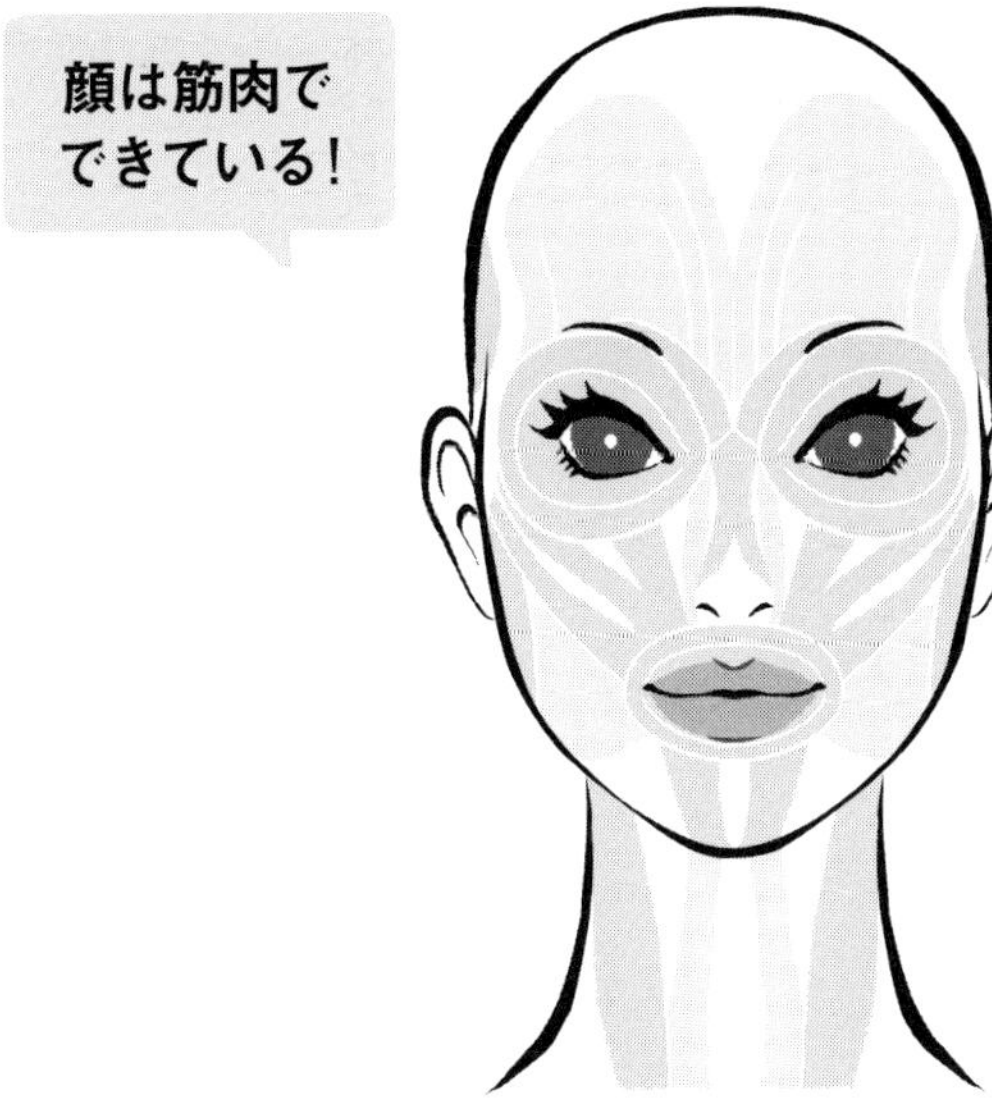

ってやせたり、体が引き締まって、ボディラインがすっきりしてきたりします。

その体と同じように、筋肉に覆われているのが顔です。筋トレでヒップアップができるように、顔も筋トレで頬のリフトアップをしたり、あごのたるみをとることができるのです。

また、筋肉はいくつになっても鍛えることができます。ジムに行くと、ご年配の方でも引き締まったステキなボディラインの方を見かけますよね。顔も同じように、何歳からでも効果を出すことが可能です。


顔の筋トレをすれば整形をしなくても、顔は変えられる！　そう思った私は、顔の筋肉を徹底的に調べるために、歯自体だけでなく、顔の筋肉とその仕組みについての勉強を始めました。

"美人表情"を身につけて、「1秒と7秒の法則」を味方にする！

ある経営者セミナーに参加したときのこと。講演のまとめでこんな話がありました。**「従業員を採用するときにはずせないのは、やはり見た目です」**それまで3時間にわたり、経営や人事のノウハウを一生懸命に聞いていた私。「えっ？　結局は見た目？」と呆れるやら驚くやら。**異性からモテるのも、いい仕事に就くのもやっぱり顔が大事。**大学時代に嫌というほど感じていた見た目の重要性は、一般社会にも根付いていたのです。

突然ですが、「1秒と7秒の法則」を知っていますか？

心理学には、**第一印象は1秒と7秒で決まる**という説があります。この説によると、出会った瞬間お互いにたった1秒で、相手の年齢と容姿を判断するそうです。「○歳くらいで、美人だな」「かわいいな」「普通だな」などです。そして7秒までの間に、頭の中ではその人の雰囲気や人柄を検証。自分が受け入れられる相手かどうかを見極めるそうなのです。

合コン、就職の面接など、第一印象がその後を左右するようなシチュエーションでは、相手にいい印象を持たれなければ不利。逆に言えば、見た目をよくすればチャンスをものにできるのです。もちろん、仕事やプライベートでの初対面の相手にも同じことが言えます。

それを知った私は、7秒間の印象をよくするための「美人に見える表情づくり」も大切だと気づきました。表情をつくっているのは、顔の筋肉である表情筋。つまり、顔筋を自由に動かせれば、**7秒で狙った相手の心をつかむ美人表情をつくることができる**のです。

顔の筋肉を鍛えれば、美人に近いバランスに整えられるのと同時に、**一瞬で相手を魅了する美人表情を手に入れることができる**……そう確信しました。

魅力的な見た目があれば自信が持ててさらに美しくなる

卑屈に聞こえるかもしれませんが、結局、得するのは中身より見た目のいい女の子。人間、中身も大事ですが、**魅力的な見た目は、自分を助け、自信を持たせてくれるのです。**

女性のキレイは、生きるパワーになります。

私の指導した20代女性は、「昔からあごが出ているのがコンプレックスで、男性に声をかけられたことがない」と、自分のことをブスだと思い込んでいました。確かにあごが長く、口角も下がりぎみ。一見、暗い印象を受ける顔立ちでした。

そこで、私が考案した顔筋トレーニングで頬と口角を持ち上げ、〝7秒でモテる笑顔〟を伝授したのです。すると、3ヵ月たった頃、彼女が、

「先生、合コンで突然モテるようになりました！」

と、嬉しい報告をしてくれました。

今まで「合コンの後、もう一度誘われたことなんてない！」と言っていた彼女。美人表情と美人顔キープの**顔筋トレーニングを始めてから、急にモテるようになったそうです。**今では、落としたい男性にだけ美人表情で笑いかけると、その男性から、必ずと言っていいほど連絡がくるのだとか。

自信を持った彼女は、さらにキレイになるためにメイクを研究し、洋服の好みも変わって、ますます美しくなってきています。そして夢は玉の輿《こし》に乗ること（笑）なのだそうです。

顔が変わる↓自信が持てる↓さらに美しくなろうと努力する↓ますますキレイになる。誰でも一度**美のスパイラルにハマると、どんどん美しさに磨きがかかるのです。**

〝美の下剋上〟が始まる30代以上こそ美人に変われるチャンス！

前項のモテるようになった子はまだ20代で若いから……と、思わないでください。〝美の下剋上〟が始まるのは実は30代から。加齢によって筋肉が衰え始める30代以上こそ、**顔筋トレーニングをやる、やらないの差が大きくなるのです。**

32歳の頃、衝撃的な出来事がありました。仕事帰り、夜遅くに自宅へ帰り、エレベーターの鏡に映った自分の顔を見ると、そこには老婆のような自分が！　それが私の感じた初めての老いでした。ブスなうえに老けたら、もう一生美人には勝てない……そう思ってかなり落ち込みました。

しかし、この老いは、私にだけでなく、同世代の美人たちにも同様に訪れていたのです。30代に突入すると、歯学部の医局には20代の若い女性が入局してきます。今までもてはやされてきた同世代の美人も、この若い女性にはかないません。先生もイケメン男性も、30代の美人より20代の美人をチヤホヤします。

このように、**ブスにも美人にも同じように老いが訪れます。**

20代は、美人はその見た目で評価をされてきました。私のようなブスや普通の人は、顔では美人にかないませんから、内面を磨くことに精を出します。ところが30代になると、美人がその容姿にあぐらをかいた場合、老いた分20代の頃より評価が下がります。

一方、美人でない人たちは、30代になると今までの努力が実を結び、磨かれた内面のおかげで美人との評価の差が近づいてきます。まさに老化が始まる30代以上こそが、「美の下剋上」のチャンス！　もちろん、10代20代の子たちにはかなわないかもしれませんが、30代でも40代でも年齢をプラスに変え、内面を磨き、美に対する努力を惜しまなければ、ステキな大人の女性として見られます。この事実に気づいたとき、私も美人に勝てるチャンスがあるかもしれないと悟ったのです。

そこで私は、歯科医師の立場から、顔の骨格と顔筋について、女優、タレントから

美の下剋上とは?!

【20代】

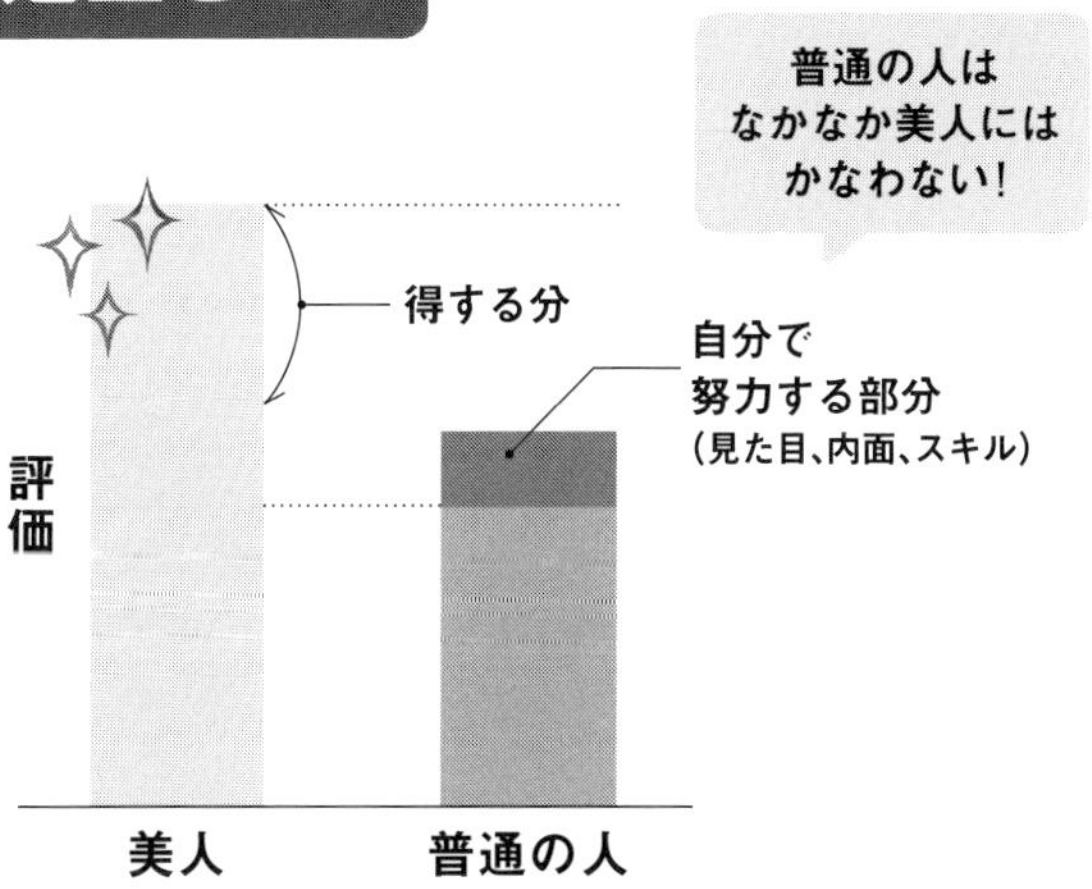
普通の人は
なかなか美人には
かなわない!
得する分
自分で
努力する部分
(見た目、内面、スキル)
評価
美人
普通の人

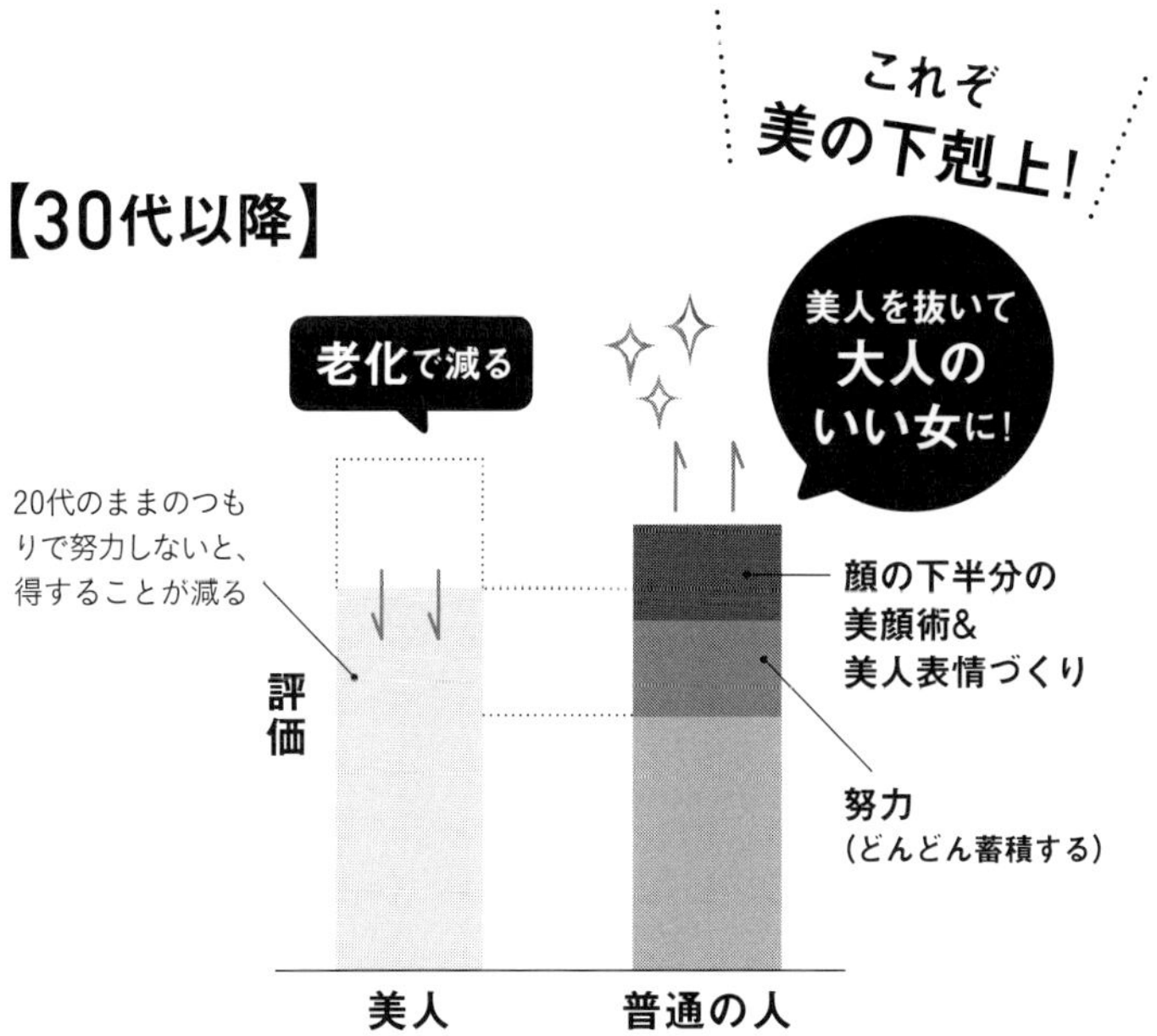
これぞ
美の下剋上!
【30代以降】
老化で減る
美人を抜いて
大人の
いい女に!
20代のままのつもりで努力しないと、得することが減る
顔の下半分の
美顔術&
美人表情づくり
努力
(どんどん蓄積する)
評価
美人
普通の人

一般人までの写真を分析して、数千人に及ぶ美人とブスの差を徹底的に調べました。

その結果、わかったことが本書のテーマである「顔の下半分を鍛えれば美人になる」ということです。

おもしろいことに、**ブスと言われる人は、鼻の下からあごまでの距離が長く、さらに鼻の下から口のラインまでの距離も長い**傾向にあります。そして、昔美人だった人も、**年齢とともに顔筋が弱くなることで、顔の下半分**（鼻から口までや鼻からあごまでの距離）**が微妙に伸びて、美人のバランスが崩れ始めていた**ことがわかったのです。

これまで目鼻にばかり注目していた私には、目からうろこの事実！ 顔の下半分のバランスを変えれば、美人顔をつくることができる！　と気づき、顔の下半分を変える顔筋トレーニングを考案するに至るのです。

第2章
美人かブスかは、顔の「下半分」で決まる

黄金比率にあてはまらなければ美人じゃない？

〝ブスでモテない〟がコンプレックスだった私。そのコンプレックスから抜け出すために、「美人顔とはどういうものか？」の研究に没頭しました。

研究を始めてまず疑問に思ったのが、世界的に美人を割り出すときに使われる〝黄金比率〟という考え方。顔全体のバランスは、髪の生え際から眉頭の下、眉頭から鼻の下、鼻の下からあご先の長さの比率が1対1対1で、顔の横幅が目の横幅の約5倍というのが黄金比率なのだそうで、一説によると、これが世界の20代前半女性の平均顔であり、この黄金比率こそが美人顔の特徴だというのです。

世界には、いろいろな民族の女性たちがいます。彫りの深い顔ものっぺりした顔も、長い顔も丸顔もさまざま。でも、平たい顔の日本人には黄金比率に合うような顔をしている人はほとんどいません。実際に、これまで歯科医師として、何千人もの患者さんの顔を間近に見てきましたが、**黄金比率とぴったり一致する人は一人もいませんでした！**

では日本人には美人はいない？　そんなことはありません。黄金比率にあてはまらなくても、美しい女優さん、モデルさんはたくさんいます。また、黄金比率にあてはまる顔であっても、美しくて魅力的とは限りません。

そんな〝世界基準〟の美人顔に疑問を持った私は、美人はもちろん普通の人の顔写真も集め、何千人もの顔を計測しました。そこでわかったのが、世界的な黄金比率とは違う、日本女性には日本女性としての美人の基準があるということでした。

それが、**私が発見した、FP＝フェイシャルプロポーションとLP＝リップロポーションという新しい美人基準**です。

FPとは、顔の上半分と下半分の比率。そして、LPとは、顔の下半分における鼻の下から口のラインまでの長さの割合のこと。この２つのバランスさえ整えれば、日本人としての美人顔に近づくことができるということがわかったのです。

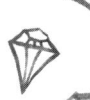

美人かブスかを決めるのは、顔の「下半分」だった！

FPとLPについて、左のイラストを使って詳しくご説明しましょう。

FPとは、鼻の下からあごの先までの長さ（B）を、眉頭から鼻の下までの長さ（A）で割った数値であらわします。美人は、ほぼこの数値が0・85〜1の間に収まります。**顔の下半分と上半分がほとんど同じ長さ、もしくは、顔の下半分のほうが少し短い**、というバランスです。

次にLPは、鼻の下からあご先までの長さ（B）を、鼻の下から口のラインまでの長さ（C）で割った数値で、この数値が2・8〜3に収まるのが美人顔。つまり、**鼻の下から口のラインまでの長さが、顔の下半分の長さの3分の1程度が美人のバランス**ということです。

このFPとLPの両方が美人バランスにあてはまる人こそ、美人であると言えます。

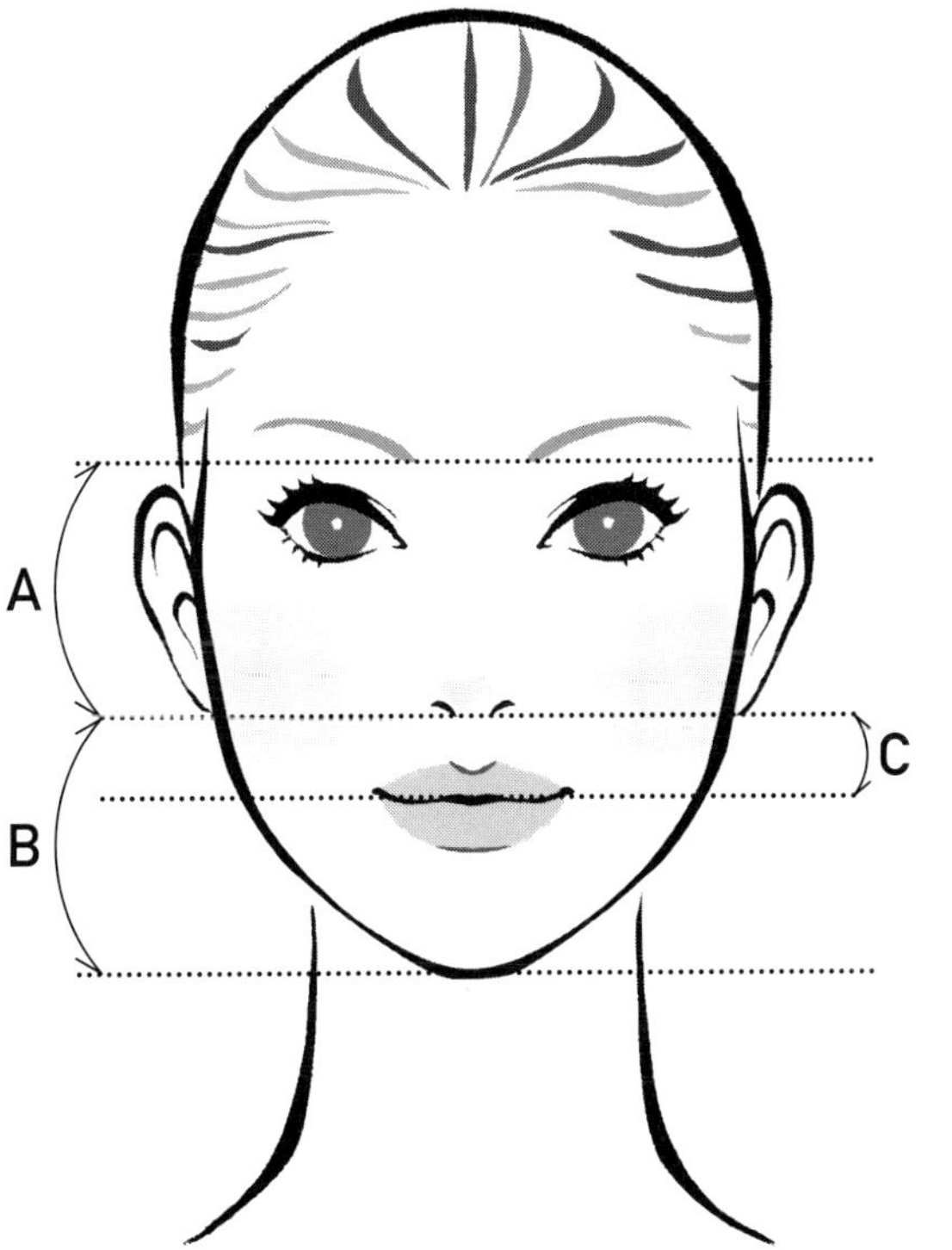

顔の下半分の長さのバランス

FP（フェイシャルプロポーション）
＝**B**（顔の下半分の長さ）÷**A**（顔の上半分の長さ）

※美人バランス … **0.85〜1**
1より大きい値 ▶ 顔の下半分が長め
1より小さい値 ▶ 顔の下半分が短め

鼻の下の長さのバランス

LP（リッププロポーション）
＝**B**（顔の下半分の長さ）÷**C**（鼻の下から口のラインまでの長さ）

※美人バランス … **2.8〜3**
3より大きい値 ▶ 鼻の下の長さが短め
3より小さい値 ▶ 鼻の下の長さが長め

左ページのグラフは、上がFPを、下がLPを計測した結果です。**美人といわれる芸能人の顔は、FPならほとんどが0・9〜1の間に。LPは2・8〜3の間に収まっています。**顔の下半分のバランスを、顔の比率（FP）は1、唇の位置の比率（LP）は3に近づけることで、芸能人のような美人顔になれる、というわけです。なお、FPが0・85〜0・9、つまり顔の下半分がより短めだと、美人顔というよりキュート系の顔に見えます。

次に、左のイラストを見てください。右側が一般の人に多いバランスです。下半分がほんの少し長いだけで、アンバランスな顔に見えます。一方、左側のようにFP、LPが1と3であれば、美しく整った顔に見えるのです。このように、顔の下半分の数ミリの差によって、顔の印象が劇的に変わります。

でも、FP、LPが美人バランスから外れているとしても、がっかりしないでください。**骨格は変えられませんが、皮膚を支えている筋肉は変えられます。**例えば衰えた唇のまわりの筋肉を鍛えることで、LPを変えることができますし、たるんだ頬やあごの筋肉が引き締まると、FPが変わります。第3章の美顔術を行えば、必ず美人バランスに近づくことができるのです。

顔下半分のわずかなバランスの差で印象は違ってくる!

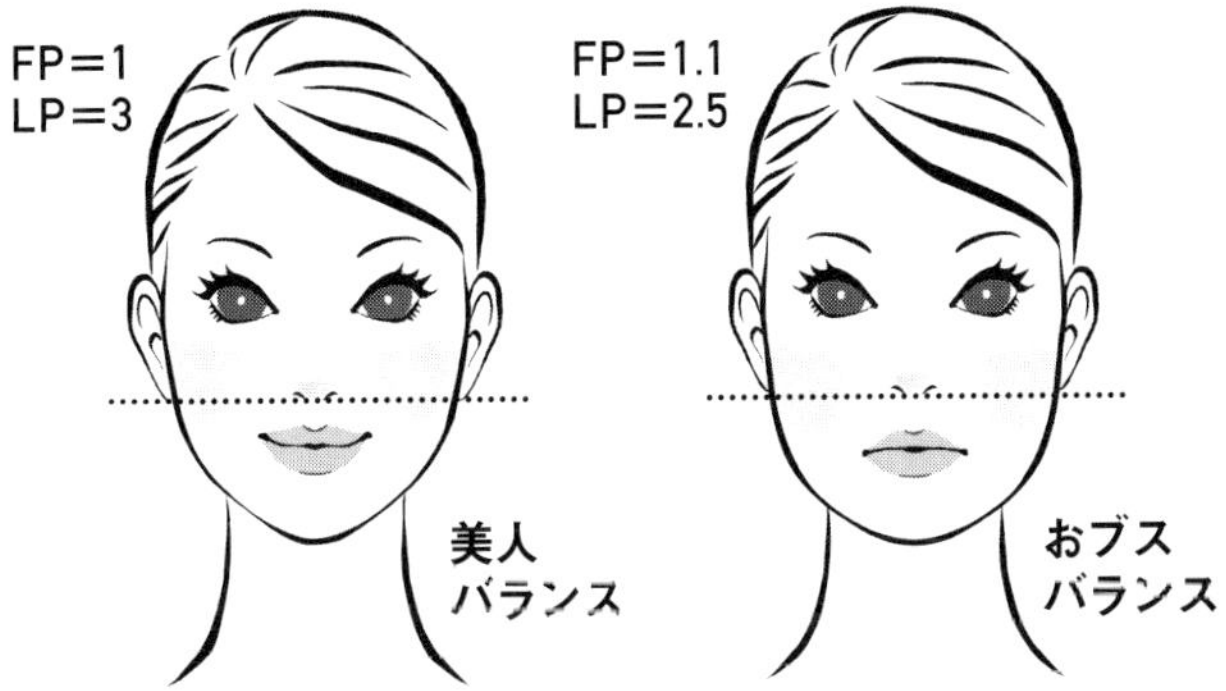

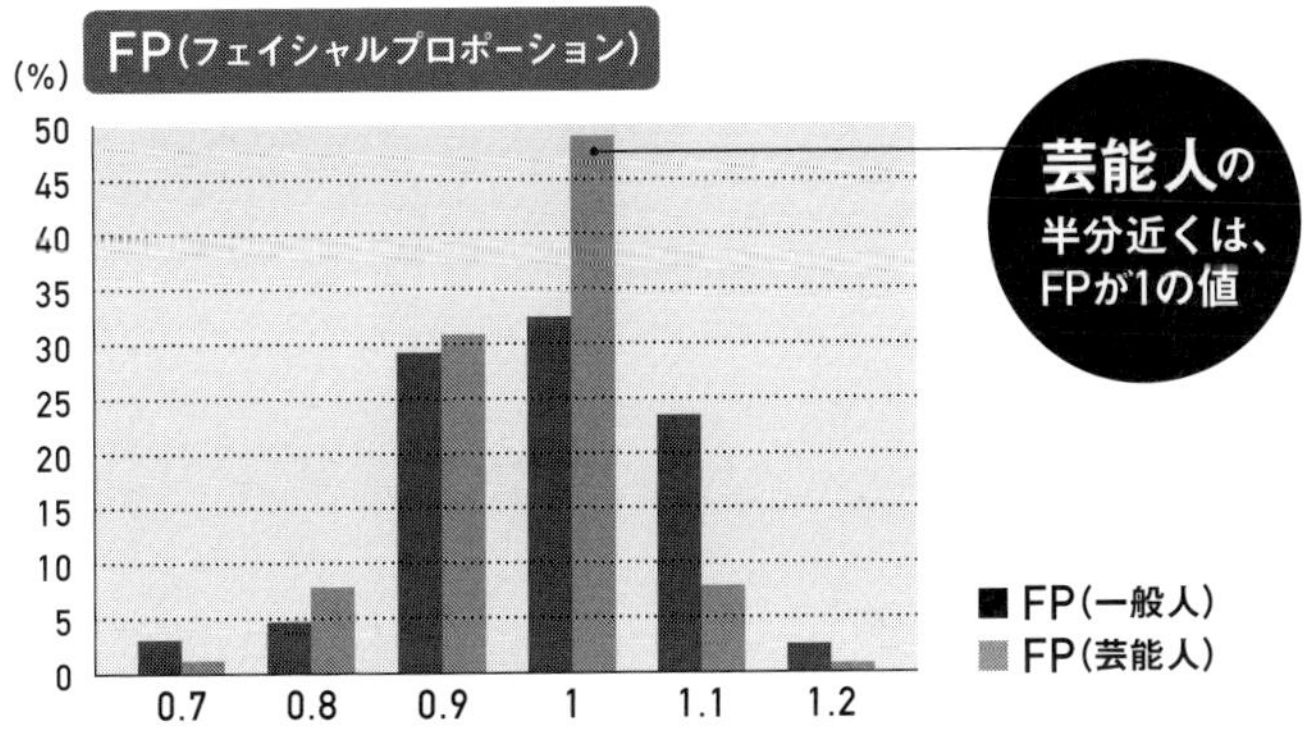

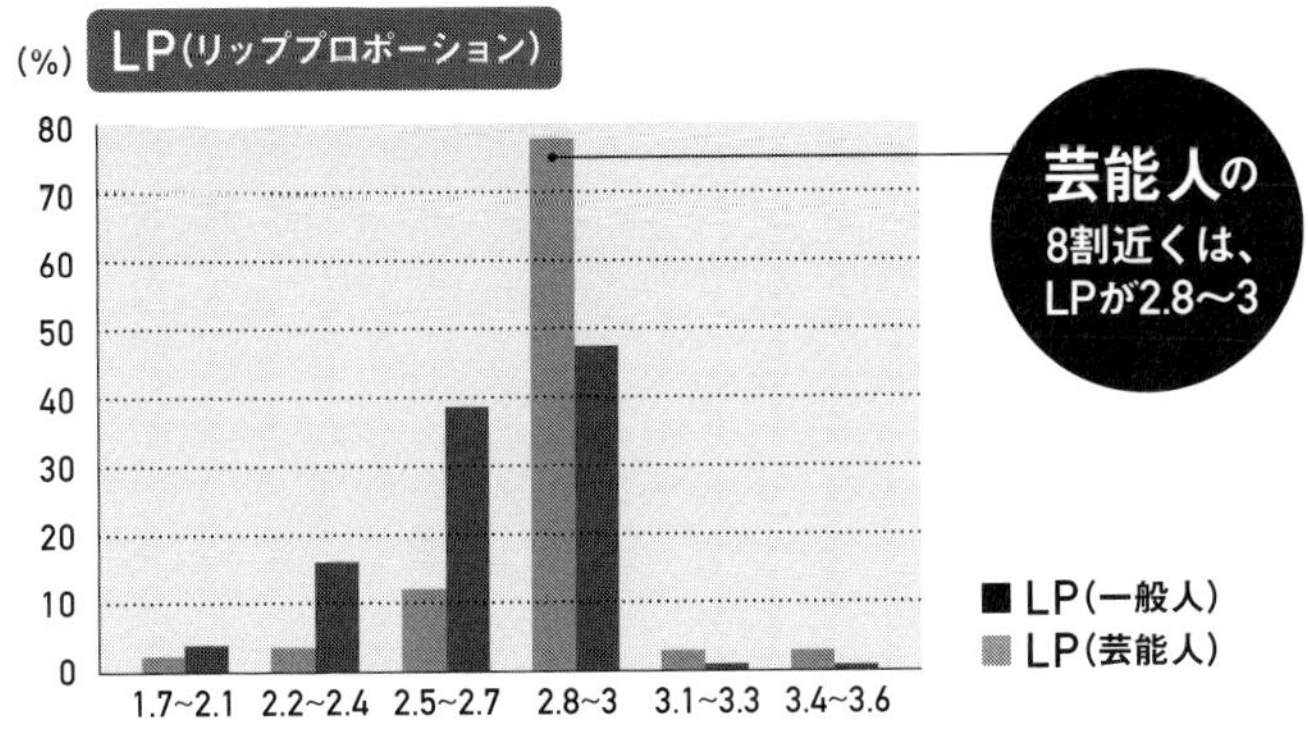

春になるとなぜかみんなキレイになる!?マスク美人の正体とは?

花粉症の季節になると、多くの人がマスクをしますが、なぜかその時期、美人が目立つ気がするのです。それを男友だちに話すと「美人に声をかけたのに、マスクをとったらがっかりしたことがある」と言っていました。**マスクをしていると美人に見えるけど、マスクをはずすと〝残念〟という人を〝マスク美人〟と呼ぶそうです。**

顔の下半分が隠れていれば美人に見えるのに、下半分が残念だと美人には見えない、ということは、やはり美人かブスかを判断する決め手となるのは顔の下半分なのです。

マスクといえば、テレビや雑誌で、顔の下半分はマスクで隠し、顔の上半分のメイクだけで、驚くほどそっくりな顔をつくりあげる〝顔まね〟タレントさんが話題です。メイクを学んで資格を取った私にとって、彼女のメイク後の顔を見るたびに、目や鼻の特徴をとらえるのが上手だなと思いながら参考にもしています。

　しかしその反面、やっぱり**顔の下半分はメイクでは変えられない**、と納得してしまうのです。

　では、顔の下半分が完璧でない人は、美人になれないのでしょうか？

　いいえ、大丈夫！　おブス顔がコンプレックスだった私が研究の末にたどりついた方法なら、誰でも、いつからでも、マスクなしでも、美人顔に変わることができます。

若く見えるか、老けて見えるか。それも顔の「下半分」で決まる

最近、顔の下半分、特に鼻の下から口までが伸びてきていませんか？

もしそうなら、顔筋が衰えてきている証拠。顔は、20種類以上の筋肉が重なりあって表情をつくっているのですが、特に顔の下半分のほうが引っ張る力が加えられやすいので、顔筋のケアをしていなければ、加齢とともにたるんでくるのです。

左ページの写真を見てください。これは年代別に１００人の女性の顔写真を集めて合成したもの。つまり、各年代の平均顔です。ただし、**ほうれい線などのしわや、シミはすべて消してあります。**

しわやシミがないのに、右にいくにしたがって確実に老けて見えるのはなぜでしょう。

その答えは……ズバリ、私たちは、しわやシミよりも、**顔の筋肉が衰えてフェ**

日本人女性の年代別平均顔

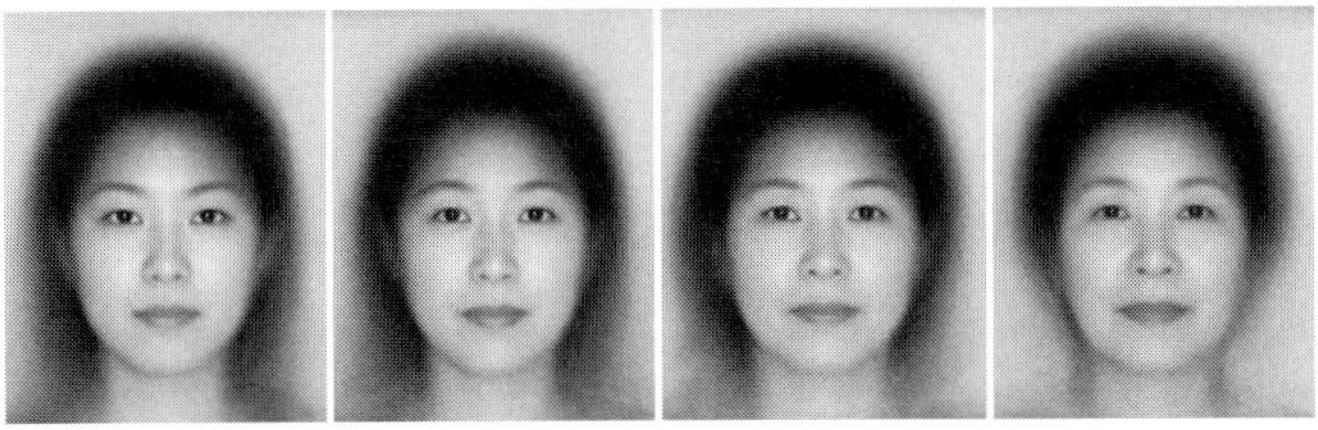

20代　30代　40代　50代

「All About」から引用。(北海道情報大学情報メディア学部教授向田茂先生らが年代別に100人の顔写真を集め、特徴を合成したもの)

筋肉が衰え、顔の下半分が長くなる!

イスラインがたるみ、鼻の下が長くなっている人を「老けた人」と判断しているということ。

マスク美人の話に戻りますが、アイメイクをきちんとしている高齢の女性は、マスクをしているととても若く見えることがあります。

つまり、美人とブスだけでなく、人が**若く見えるか、老けて見えるかを左右するのも顔の「下半分」**なのです。

見た目年齢を左右するのは鼻から口までの長さと溝！

見た目年齢はしわやシミよりも、顔の下半分で決まる、という説明をしましたが、顔の下半分でも、**特に鼻から口までの長さ、そして鼻の下中央にできる〝人中〟と呼ばれる溝の深さが印象を分ける大きなポイント**です。

左ページのイラストを見てください。鼻の下を斜め横から見ると、年齢の差はひと目でわかります。若い人は鼻の下が短くて上唇がめくれ、溝がしっかり刻まれていま す。一方、中年以上の女性になると、鼻の下がまるでオランウータンのように長く伸びています。これは上唇の筋肉の衰えが原因。上唇はあまり使わなくても、話をすることができるので、ここの筋肉は衰えやすいのです。

でも第3章の〝チュートレ〟で上唇の筋肉がつけば、老け顔から脱出できますよ。

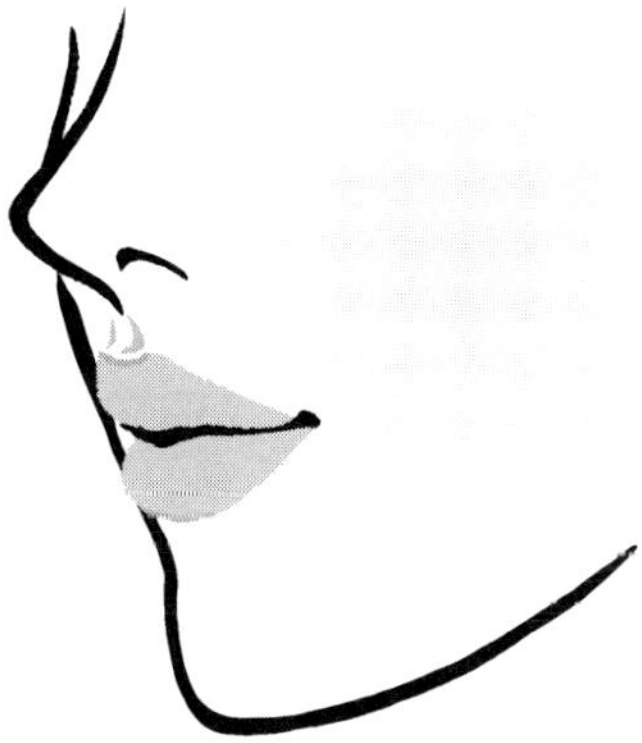

若い人の鼻の下

鼻の下が短く、厚みがあって、上唇がめくれています。人中と呼ばれる溝も深くはっきりしています。

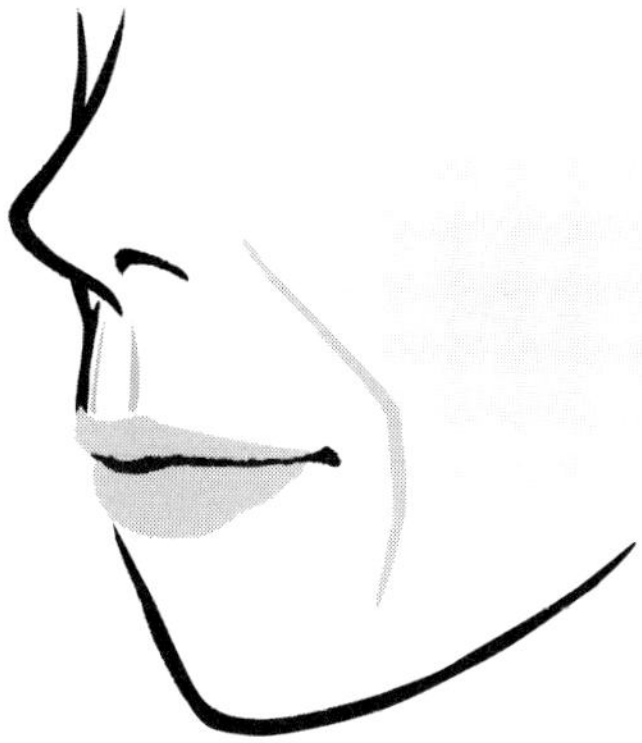

老けた人の鼻の下

鼻の下が長く、厚みがありません。上唇も薄く、人中と呼ばれる溝も浅いのが特徴です。

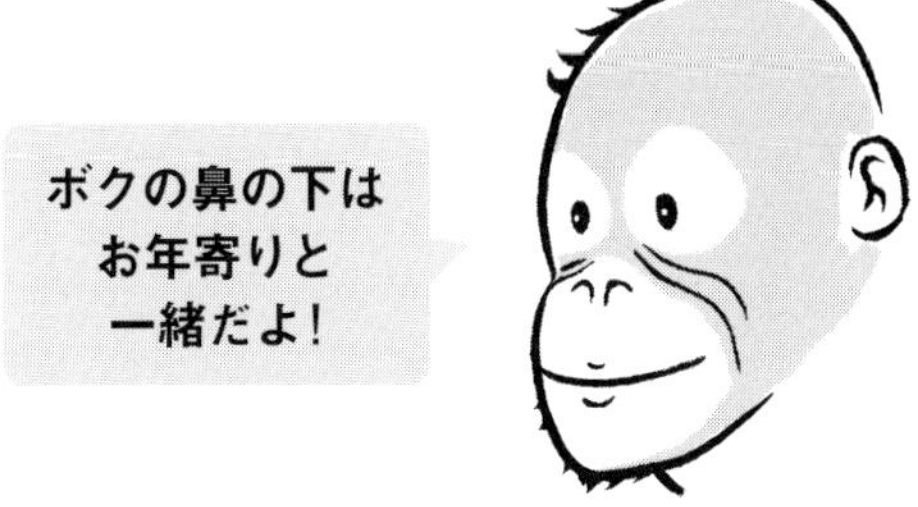

顔の「下半分」はマッサージと筋トレで変えられる

これだけ、「美人は顔の下半分で決まる！」と言ってきても、やっぱり目を変えれば美人になるのでは？　と思う人も多いのではないでしょうか？

もちろん目のインパクトが強くなれば、メイクをしている間はある程度の美人には見えるでしょう。目はアイライン、アイシャドウ、つけまつ毛などメイク法もたくさんあり、メイクで簡単に印象を変えることができる場所。**整形手術などで目の形や大きさを変えなくてもメイクで美人顔をつくれます。**だから、ぜひアイメイク技術を高めてください（顔型別のメイクのコツを第6章でご紹介していますので、そちらも参考にしてください）。

でも、**それより大事なのは、メイクではどうにも変えることができない、**

顔の下半分のバランスを整えること。顔の下半分が変わらないと美人のベースは低いままです。

では、顔の下半分を変えるにはどうしたらいいか。それは今までにも何度もお伝えしているように、顔の筋肉を鍛えること、そしてマッサージをすることです。

筋肉はふだんから動かさないと、退化します。顔筋が衰えると、顔の筋肉がその上にのった脂肪や皮膚を支えられず、どんどん下がって、たるんでくるのです。

筋肉の衰えは加齢とともに進むのですが、ふだんから笑うことの少ない表情の乏しい人や、よく噛んで食べない人は、若くても顔の筋肉が衰え、顔の下半分がたるみます。それを食い止めるためには、**顔の下半分が美人バランスに整うように筋肉を鍛え、硬くなった筋肉をマッサージでほぐさなければなりません。**美しさと若さを同時に得るために、この2つは必須なのです。

顔の筋トレをすると高級化粧品がいらなくなる!?

顔の筋トレをすると、肌にもよい効果があらわれます。その理由を説明するために、むくみやくすみについて少しお話をさせてください。

人間の体は、血液が流れることで隅々まで栄養が運ばれています。そして血液と、血液に沿って流れるリンパ液によって、体内の老廃物や余分な水分が回収され、体外へと排出されます。この血液は、心臓のポンプ作用によって押し出されるのと同時に、筋肉のポンプ機能のサポートも受けながら、体を循環しているのです。

血液とリンパ液の循環は、顔でも行われています。そのため、**顔の筋肉が衰えると、血液を押し戻すポンプ機能が衰え、血流が悪化します。**すると、細胞に栄養が運ばれなくなるので肌の新陳代謝が悪くなりますし、水分の再吸収や老廃物の回収がされずに、顔色がくすんだり、顔がむくみやすくなる原因になります。

ですから、顔の筋肉が衰えないようにトレーニングをすることは、小顔、美人顔効果だけでなく、むくみやくすみなどのトラブルの改善に役立ちます。

また、**肌の若返り効果にも役立つのが、この美顔マッサージ&トレーニング**。年齢とともにハリがなくなるのは、これまで体内でたっぷり生成できていた、ふっくら肌のもと、コラーゲンやエラスチン、ヒアルロン酸の再生スピードが衰えることが原因です。マッサージで筋肉をほぐして、顔筋トレーニングでその筋肉をよく動かすと、筋肉が角質の下にある真皮層の働きを活性化し、**コラーゲンやエラスチン、ヒアルロン酸の生成が促進されます**。すると、肌の新陳代謝がよくなって、肌のハリやうるおいをキープ。肌を内側から輝かせてくれるのです。

以前は高級化粧品を使っていた私も、美顔術を始めてからは皮膚科医の知人から紹介された美容液と乳液しか使っていません。その効果をあなたの顔で実践してみてください。

女優・モデルも実践中。一般女子も人生が変わった！

私が数千人のデータを集めて実証した美顔術ですが、自分自身はもちろん、今では口コミで多くの方に試していただいています。

かなり目立たない学生時代を過ごした私ですが、**数年前に同窓会に行って、「整形したんじゃない？」とうわさになったほど（笑）**。自分ではそれほど大きな変化は感じていませんでしたが、同級生から見たら、かなり顔の雰囲気が変わっていたようです。

また、美顔のレッスンにいらっしゃっている50代の女性は、「レッスン帰りにナンパされた！」と、驚いてすぐにメールをくださいました。

それから、私のクリニックで働いている歯科衛生士も、大きく人生が変わった一人です。顔の下半分にコンプレックスを持っていた彼女は、私が教えたトレーニングを毎日行い、笑顔のつくり方を徹底的にマスターしたおかげで、今や男性からのお誘いが絶えません。私にもその「モテ」を少し分けてほしいくらい（笑）。本当にうらやましいかぎりです！

毎日鏡で顔とにらめっこをしている自分自身ではわかりづらいかもしれませんが、**美顔術を始めると、みなさん必ずよい変化が訪れています。**

施術にはお忍びで女優さんやモデルさんもいらっしゃいます。彼女たちの美に対する探究心と努力から、私自身が学ばせていただくことも多くあります。お伝えした美顔術は家でも毎日実践されていらっしゃるし、お話しをされるときにも頬の筋肉を上げるように意識されるそうです。

記者会見の前に、記者や視聴者に、真摯《しんし》に自分の気持ちが伝わるようにと施術に来られる女優さんもいらっしゃいます。顔の筋肉を動かして自分の思い通りの表情をつくれるようになると、人の心を動かすこともできるのかもしれません。

顔の老化を防ぎ、より美しくなるために始めた美顔術で、演技がしやすくなったという報告も受けました。表情は筋肉によってつくられます。その筋肉が硬ければ、乏しい表情しかつくれません。でも、美顔術によって筋肉がよく動くようになれば、細やかな感情を豊かな表情で伝えることができます。

それは女優さんだから役立つことでしょ……と思わないでください。もし、嬉しい、悲しい、胸がキュンとした、ドキドキ……、**あらゆる感情を言葉にせずに表情であらわす女性がいたら、目が離せないほど魅力的だと思いませんか？**

特に男性はギャップに弱いといいます。今笑っていた女性が急に悲しそうな表情をすると、気になって仕方がないのです。美顔術で顔筋を鍛えれば、そんな魅力的な表情ができる女性になるのも夢ではありません。

もうすでに、**女優さんがそれを体現してくれているのですから。**

第3章
効果絶大！一回3分「下半分」美顔術

一回たった3分！いつやってもいいからラクに続けられる！

第2章までで、誰でも相手に美人と思わせる顔がつくれることをわかっていただけたでしょうか。今までの悩みがなくなるなんて、相当キツい筋トレをしなければいけないのでは？　と思った方も多いでしょう。でも、**実はコツさえつかめば、美人顔づくりは簡単。**しかも、私が提案する美顔術は、一回たったの3分でできるのです。

ただ、実際にやってみると思い通りに顔の筋肉を動かせないことに驚くかもしれません。例えば、上唇を持ち上げる**70ページの〝チュートレ〟**。小鼻の横を動かさずに、上唇だけを動かすことがとても難しく感じる方も多いと思います。この動きは、子どもの頃は簡単にできていた動作です。ところが、加齢とともに唇を囲う口輪筋が衰えると（20代でも表情が少ないと動かなくなります）、上唇を上げるときに頬の筋肉を使って持ち上げるようになります。こうなると上唇自体の筋肉を使いませんから、ぷっくりとキスをしたくなるような唇とはほど遠い、貧弱な唇になるのです。また、上唇の上（鼻の下の部分）がのっぺりして、老けた印象にもなってしまいます。

でも、スムーズに動かせないからといって、落ち込まないで！　筋肉はいくつになっても鍛えられます。最初はビクともしなかった筋肉が徐々に目覚め、少しずつ上唇が動かせるようになりますから、ご安心ください。サロンに通うお客様も、はじめは筋肉が動かないことにショックを受けますが、何度か通われるうちに必ずできるようになっています。ただし、思い通りに顔の筋肉を動かせるようになるまでは、鏡を見ながら狙った筋肉が動かせているかどうかを確認しながら行いましょう。

毎日少しずつでも続ければ、巻頭で紹介した4人のように1週間でも変化が出ますし、**1ヵ月もすれば多くの方は印象が変わります。**まずはじめに「やせた？」と言われることが多いようです。そのうち、「何かいいことあった？」「彼氏ができた？」……誰かにそう言われたら、顔が美人バランスに近づいてきたサインです。

顔の「下半分」が美人バランスに変わる美顔術のポイント

マッサージはお風呂の中がオススメ

筋肉は温まるとほぐれやすくなるので、お風呂の中でのマッサージがオススメです。お風呂だと手もすぐに洗えるので便利ですよ。ただし、口の中に手を入れるマッサージなので、できれば歯を磨いた後に行ってください。

鏡を見ながら動かしている筋肉を意識する

鍛えたい部分の筋肉がきちんと動いているかどうかを、鏡を見ながらチェックしましょう。狙っていない筋肉が動いてしまうときには、その筋肉を手で押さえながら、動かしたい筋肉をピンポイントに動かす練習を！

一回3分くらいが目安。時間をあければ何回行ってもOK

マッサージからエクササイズまでの時間は3分が目安。連続すると顔の筋肉も疲れてしまうので、3分やったら少し休みましょう。一日に何回行っても構いません。

顔が筋肉痛になれば、やり方は正解

エクササイズは動かせる限界まで筋肉を動かすように意識して。はじめの頃は筋肉痛になるので驚くかもしれませんが、筋肉痛は、きちんと効いている証拠です。

マッサージとエクササイズはセットでなくてもOK

マッサージを行った後にエクササイズを行うと、顔の筋肉を動かしやすくなるのでオススメですが、日中エクササイズをして、夜お風呂の中でマッサージを行うなど、時間を分けて行ってもOKです。

顔の筋肉を知ることが、美人顔への近道！

顔は、大きくて重たいあごの骨が関節で頭蓋骨にひっかかり、それを骨格筋という筋肉が支えています。そして、その上を表情をつくる〝表情筋〟という筋肉が覆っているという構造です。この筋肉たちがうまく働かずに衰えると、重たいあごの骨を支えきれずに、どんどん顔の下半分がたるんで長くなります。だから**顔の下半分を持ち上げるために必要な筋肉を鍛えよう**、というのが美顔術のポイントです。でも、やみくもに顔筋を鍛えるだけでは、美人には近づけません。**鍛える前に必要なことは、筋肉をほぐすこと。**

実は、**ある一点を集中的にマッサージすると、効率よく顔の下半分の筋肉がほぐせる**ことがわかりました。それが、えくぼのできる位置にある**〝モダイオラス〟**。ここは顔の下半分の筋肉が交わる鉄道のターミナル駅のような場所です。筋肉をひとつずつ柔らかくするにはかなりの労力を要しますが、〝モダイオラス〟をマッサージすると、そこに結びついている筋肉が一気にほぐれます。なぜならば筋肉はその始まりや終わりの部分を刺激することで〝ゆるむ〟という性質があるから。モダイオラスをマッサージした後に筋トレを行うと、顔の筋肉が動かしやすくなり、効果も出やすくなります。

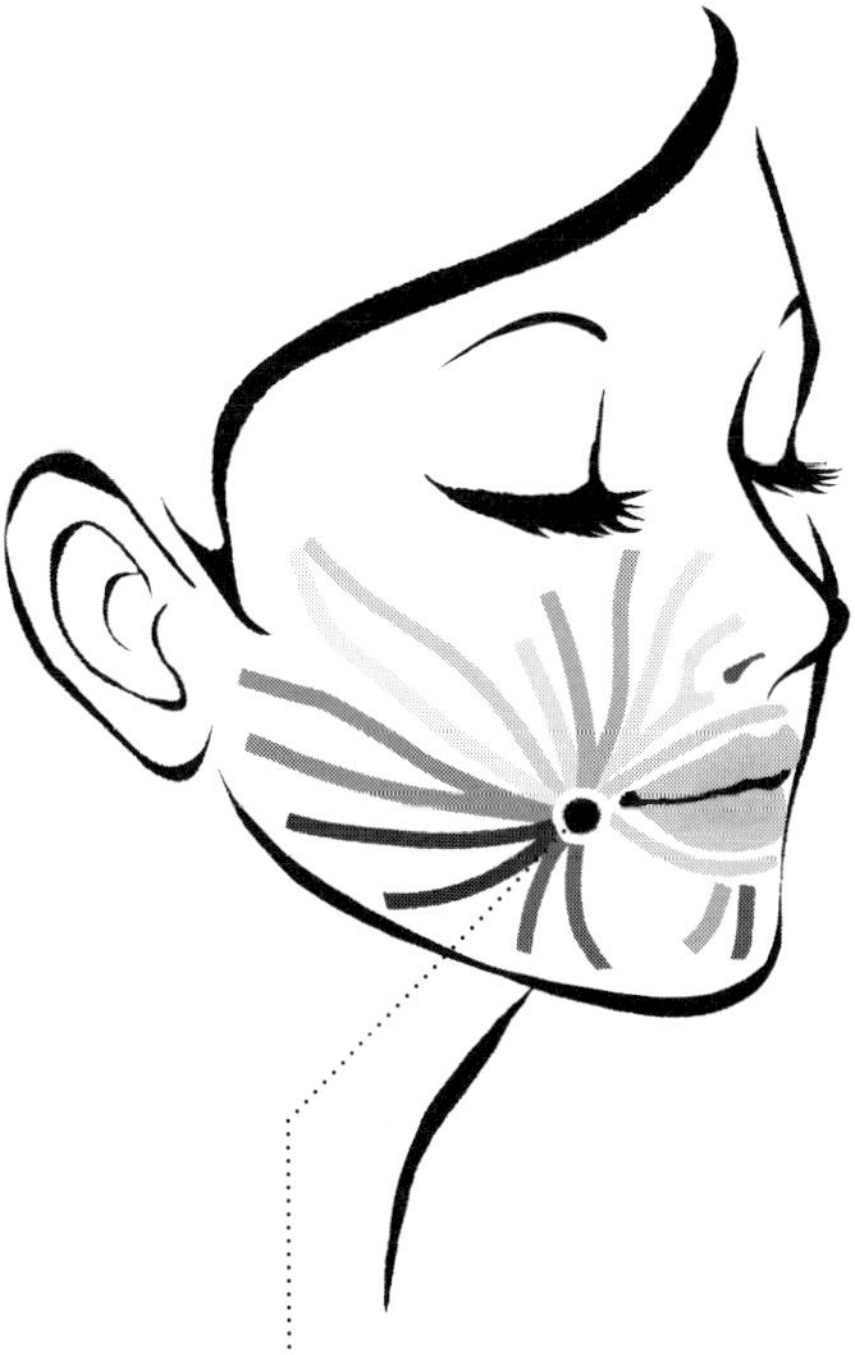

モダイオラス

口角の横でほうれい線の延長線上、えくぼのできる位置にある、筋肉が集まるポイントが〝モダイオラス〟。ここから伸びる線が筋肉の目安。色の濃い筋肉ほど硬くなりやすい場所です。口角やフェイスラインは下に引っ張られやすく、顔の下半分が長くなります。

顔を下げる硬い筋肉をほぐす

モダイオラス&咬筋マッサージ

口角の横で、ほうれい線の延長線上にある場所が、顔筋の始点終点が集まるモダイオラス。**触ったときに、ごりごりしている、硬いなど、ほかの場所とは違う感覚があれば**、筋肉が硬く動かしづらくなっているので、念入りにもみほぐしましょう。

そして、モダイオラスの次は、頬骨の少し下の部分を刺激して咬筋《こうきん》をマッサージ。咬筋とは、上あごと下あごを結ぶ、噛むときに使う筋肉。この近くには老廃物を回収するという大きな働きのある顔面静脈（血管）の枝が張りめぐらされています。そのため、ここをもみほぐすことで老廃物の流れがよくなり、顔のむくみも改善するので、小顔効果抜群です。

なお、爪が長い人は口の中を傷つけないように薄手のゴム手袋をして行ってください。

モダイオラスマッサージ

上下に揺らして モダイオラスをほぐす

右手の親指を口に入れ、左頰内側から口角の横でほうれい線の延長線上にあるモダイオラスにあてる。人さし指を頰にあて、親指と人さし指でモダイオラスをはさみ、はさんだ手を上下に揺らしながら30秒ほぐす。反対側も同様に。

咬筋マッサージ

頰骨の下を 上下に揺らしてほぐす

口に入れた親指を頰骨があたるところまで上に動かし、親指と人さし指で頰をはさんで、上下に揺らしながら30秒もみほぐす。特に硬いところは念入りに。反対側も同様に。

食いしばりによる筋肉の強張りをとる
側頭筋マッサージ

噛み合わせが悪かったり、食いしばりグセがあると、頭の筋肉が硬くなります。顔と頭は同じ頭蓋骨の上にあり、筋肉も密接につながっているので、頭の筋肉がこると、顔の筋肉もこってしまいます。そうなると、**顔の筋肉が硬く動きづらくなって、顔の下半分を長く見せる原因に。**

頭の筋肉の強張りをとるために、咬筋とつながる頭の側面にある側頭筋をほぐしましょう。ここをほぐして筋肉を柔らかくすると、顔を横に広げて見せる咬筋もほぐれやすくなります。

前ページの咬筋マッサージ、モダイオラスマッサージとあわせて、このマッサージを行ってください。頭がすっきりするので、リフレッシュ効果もありますよ。

側頭筋マッサージ

**指の腹で頭の側面を
もみほぐす**

耳の上、こめかみの少し後ろに指をあて、頭をつかむように指の腹で頭を押す。力を入れたり抜いたりしながら、頭の側面を指の腹で30秒もみほぐす。

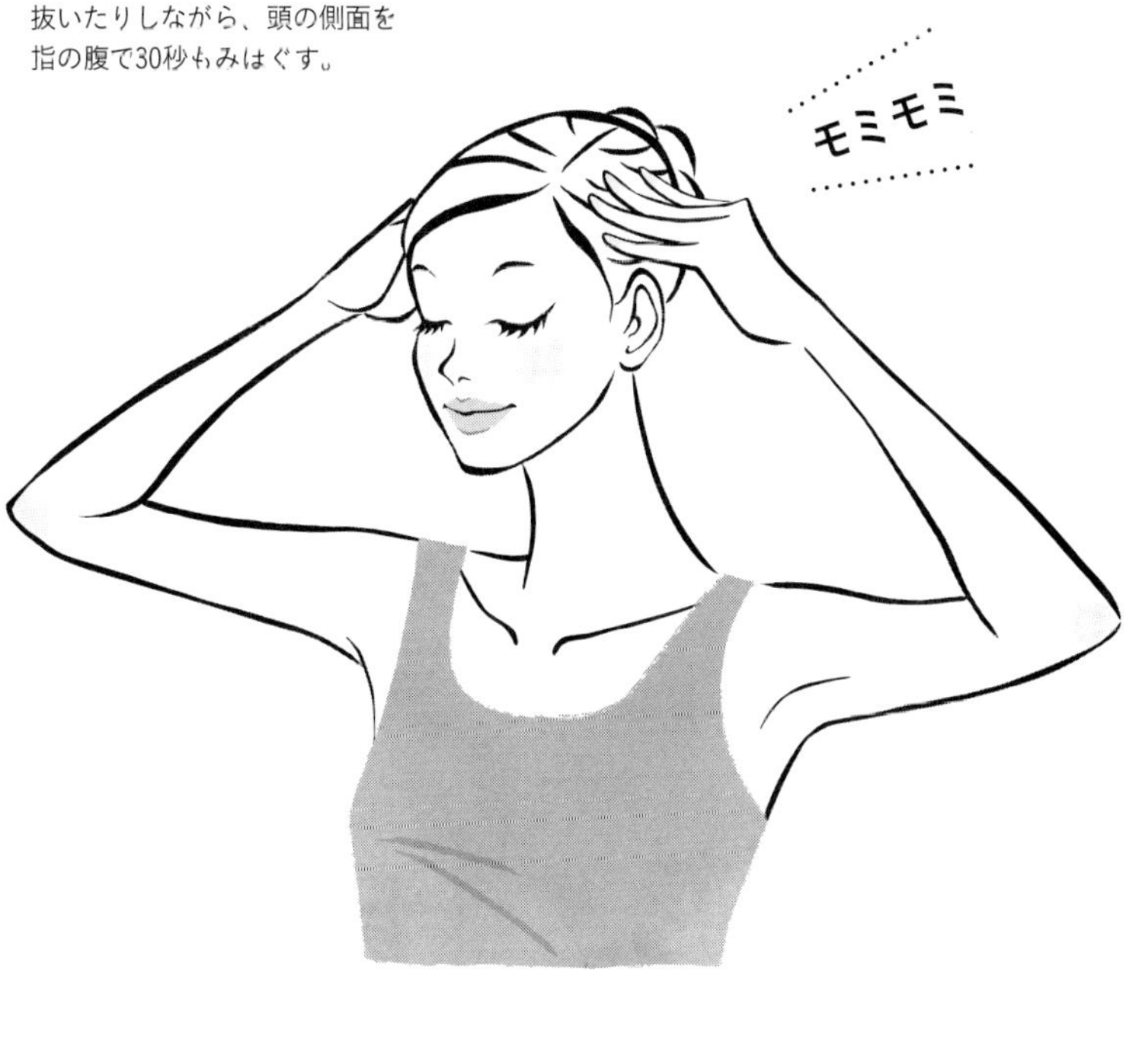

頬を持ち上げて若々しい顔に見せる

チークアップ エクササイズ

メイクでチークを入れる位置は、頬の一番高いところ。加齢や表情が乏しいことで筋肉が衰えると、頬の高さが下がってきますが、それを上手にごまかすために、高い位置にチークを入れるというテクニックがあります。つまり、**視覚的に頬を高い位置に見せれば、若々しい美人顔になれるのです。**

そのためには、頬の筋トレが必須。ウエイトリフティングでバーベルを持ち上げるように、**一回ずつゆっくりと頬にあてた指を持ち上げながら筋肉が動くのを確認しましょう。**頬の筋肉をまんべんなく鍛えるために、アウトサイド、センター、インサイドの3ヵ所で行います。

頬を持ち上げたときに口角の下に線が入ったり、口のまわりに力が入るなら、頬の筋肉ではなく顔の下側の筋肉を使って頬を持ち上げています。口の力を抜いたまま、頬の筋肉だけで指を持ち上げるのが頬の筋肉を鍛えるコツです。

アウトサイド チークアップ

人さし指の指先が目尻の下にくるように指の腹をあてる。あてた指を持ち上げるように頬を斜め上に引き上げ、口を左右と上下に開いて「あ〜」と声を出す。上前歯の8本が見えるように、上唇と口角を引き上げる。これを20回行う。

センターチークアップ

人さし指の指先が目頭の下にくるように指を移動する。頬の真ん中を黒目のほうに引き上げるようにしながら、上唇をしっかり上げ、上の歯の下端のラインが下唇に軽く触れる状態で「い〜」と発音する。頬の筋肉を縦に使って、指を真上に持ち上げることを意識して。頬を真上に持ち上げる動きを20回行う。

インサイド チークアップ

人さし指の指先を鼻すじに、指の腹を鼻に沿ってあてる。上下の唇を前に突き出すように「う〜」と発音しながら、鼻に沿った頬の内側の筋肉を引き上げる。上唇を鼻に引き上げるように突き出し、上の前歯が2本見えるくらいに口を開く。頬の内側の筋肉を真上に上げる動きを20回行う。

キスしたくなるようなぷっくり唇をつくる
チュートレ

見た目年齢は鼻の下で決まります。赤ちゃんの鼻の下を見ると、唇の山がめくれ上がって、ぷっくりしていますよね。唇の筋肉を使わずにいると、唇の山が消え、鼻の下が伸びて、唇が薄くなります。

唇はバストやヒップと同じように、男性を惹きつける重要なパーツ。ここの厚みなくしては、モテる美人顔はつくれません。

そのために行うのが、ここで紹介する〝チュートレ〟です。頬の筋肉を使わずに、**上唇の筋肉だけを動かせるようになれば、魅力的な唇がつくれます。**えさを食べるときに〝ハムハム〟するモルモットやうさぎが見本です。

なお、このトレーニングを難しいと感じる人がたくさんいると思います。でも、続ければ必ずできるようになりますから安心してください。

初級

ピヨピヨと発音するように唇を動かす

上唇を動かす感覚をつかむために、まずは唇を前に細かく突き出す練習。〝ピヨピヨ〟と発音するように、「ピ」で唇をすぼめて前に突き出し、「ヨ」で小さく口角を横に引く。この動きを細かくくり返す。〝ピ〟のときにできるだけ口をすぼめるのがポイント。20回くり返す。

上級

上唇だけ動かす

小鼻の横を押さえながら上唇を動かす

上唇だけを鼻につけるように動かす。そのとき、頬が動く人は両手を小鼻の横にあて、頬の筋肉が動かないように押さえながら、上唇だけを持ち上げる。20回上唇を動かす。

口角の下を押さえて上唇を動かす

あごに力が入る人は両手の指先を口角の斜め下にあて、あごの筋肉が動かないように押さえる。上唇を鼻の下に近づけるようなイメージで上唇だけを20回動かす。

フェイスラインをすっきりさせる

舌出しエクササイズ

顔の下半分が長めの骨格であっても、極力短く見せることはできます。そのポイントとなるのが、フェイスラインを含むあごのたるみを引き上げることです。**フェイスラインがすっきりすれば、顔の下半分がシャープに見えるため、美人バランスに近づくことができるのです。**また、**たるみのないあごは、若々しくも見えます。**

舌を出すエクササイズは、耳の後ろから首すじを通って鎖骨へとつながる胸《きょう》鎖《さ》乳《にゅう》突《とつ》筋《きん》という筋肉を効果的に鍛えて、首を美しく、フェイスラインのたるんだ贅肉《ぜいにく》を引き上げるサポートをしてくれます。

さらに胸の前で手を強く合わせて行えばバストアップ効果も！　美人はデコルテも美しいもの。顔と一緒にバストや首筋も整えて、トータル美人を目指しましょう。

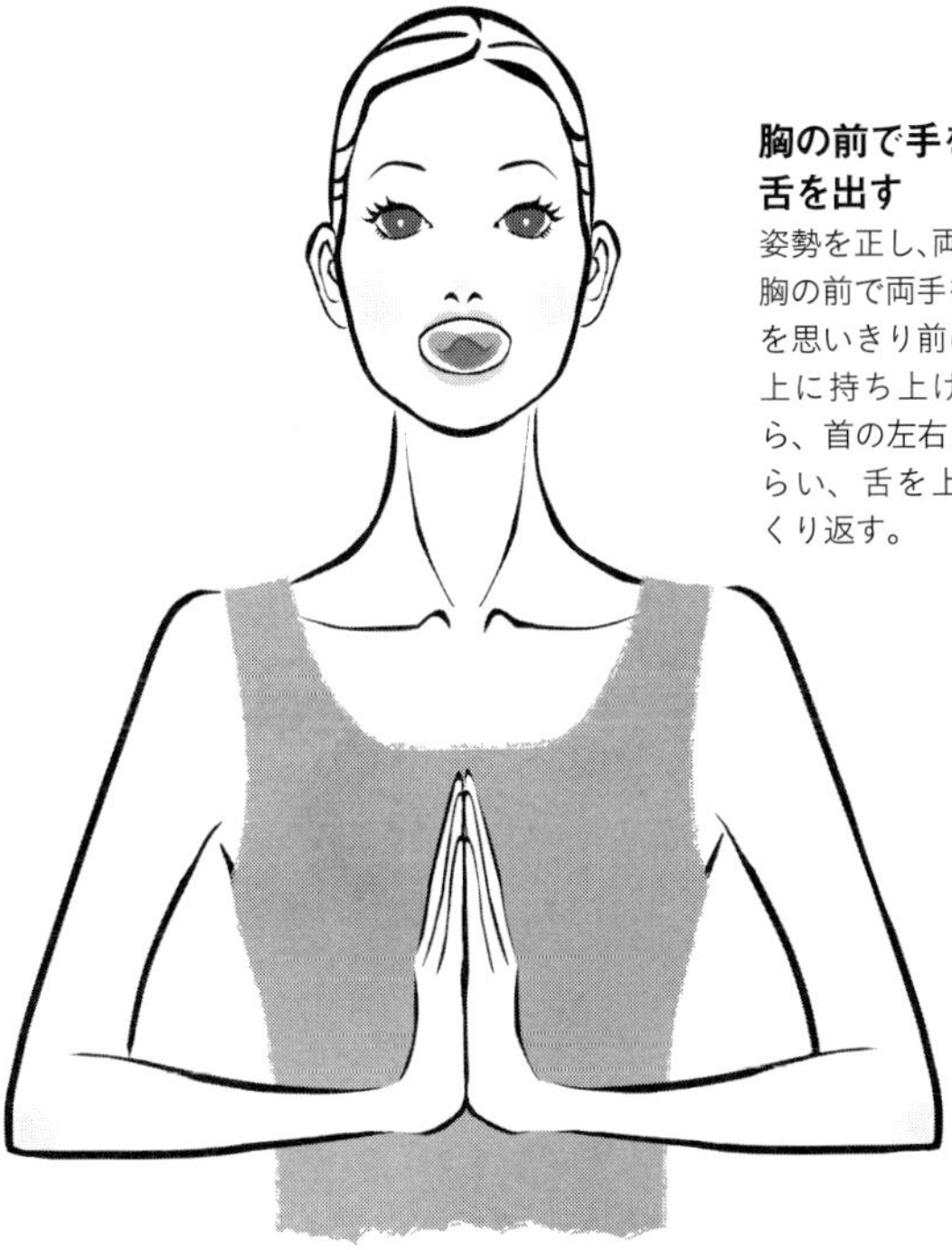

胸の前で手を合わせ
舌を出す

姿勢を正し、両ひじを横に張り、胸の前で両手を合わせたら、舌を思いきり前に突き出してから上に持ち上げる。鏡を見ながら、首の左右に縦に筋が出るくらい、舌を上に上げる。20回くり返す。

横から見ると

首をよく伸ばし、あごと首に力を入れながら、舌を斜め上に突き出すように行う。背筋が丸まっていたり、両ひじが張っていないとあごの筋肉が使われていないので、注意して。

日常生活で気をつけたい！
顔の下半分を長くするNGな習慣

顔の下半分が長いのは生まれつきだけではありません。**長年の日常生活のクセでも、顔の下が長くなってしまうことがあるのです。**それが悪い習慣と知らずにそのまま生活していたら、いくら高い化粧品を使っても、もともとの美人には勝てるわけがありません。

そこで、これまで紹介した筋トレを毎日続けることとあわせて、ぜひふだんの生活をもう一度見直してみましょう。話し方、食べ方、姿勢など、おブス顔をつくるダメな習慣が見つかるかもしれません。まずはその習慣に気づくこと。そして、気づいたら美人の習慣を身につけてください。

美人を観察していると、顔がよく動くことがわかります。おしゃべりするときに頬の筋肉を意識して上げるようにするだけでも、その生活習慣がチークアップ エクササイズになっているのです。

あなたの顔を長くするNG習慣はコレ！

・いつも口角が下がっていて、不機嫌な顔

「笑顔」は自然に頰の筋肉を上げる動き。反対に不機嫌な顔をすると自然に口角が下がります。ふだんから不機嫌な顔では、顔の下半分がさらに下に落ちて、長い顔に。

・表情が少なすぎる

クールといえば聞こえはいいですが、表情が少ないということは、顔の筋肉が使われていないということ。コロコロと表情の変わる女性は魅力的ですし、同時に顔の筋肉も使われているのでより美人顔になるのです。

・左右どちらかの歯ばかり使って食べる

顔の下半分のバランスで美人とブスを判断すると説明してきましたが、もちろん左右のバランスも大事。左右どちらかの顔の下半分が長ければ、長い顔と判定されてしまいます。左右バランスよく嚙むように気をつけましょう。

・歯を食いしばっていることが多い

ストレスや、ガマンをすることが多い人ほど、歯を食いしばるクセがあります。このクセがあると頬の噛み合わせ部分の筋肉が硬くなり、エラが張って見えるようになることも。顔が大きく見える原因になるので注意しましょう。

・スマホを下向きで見続ける

スマホを見ているときの顔を鏡で見てください。眉間《みけん》にしわが寄り、鼻の下もあごもフェイスラインも下に落ちていませんか？　これを続けていけば、顔の下半分が長くなるのは当然のこと。何分かに一回は顔を上げて、こっそりチークアップ エクササイズを！　長時間のスマホがブス顔をつくっていると心して！

第4章
印象を大きく左右する！
瞬間美人顔レッスン

男性、女性両方から愛される！口元を制するものはモテを制す

マスクをしていれば美人なのに……、口を閉じていれば美人なのに……、マスクをとった途端、口を開けて笑った途端、美人に見えなくなってしまう人がいます。

一方、目がいくら小さくても、顔や口とのバランスがよければ、ブスに見えることはありません。もし目が小さいことがコンプレックスであっても、目を大きく見せるアイメイクをすれば、美人風に見せることは簡単です。

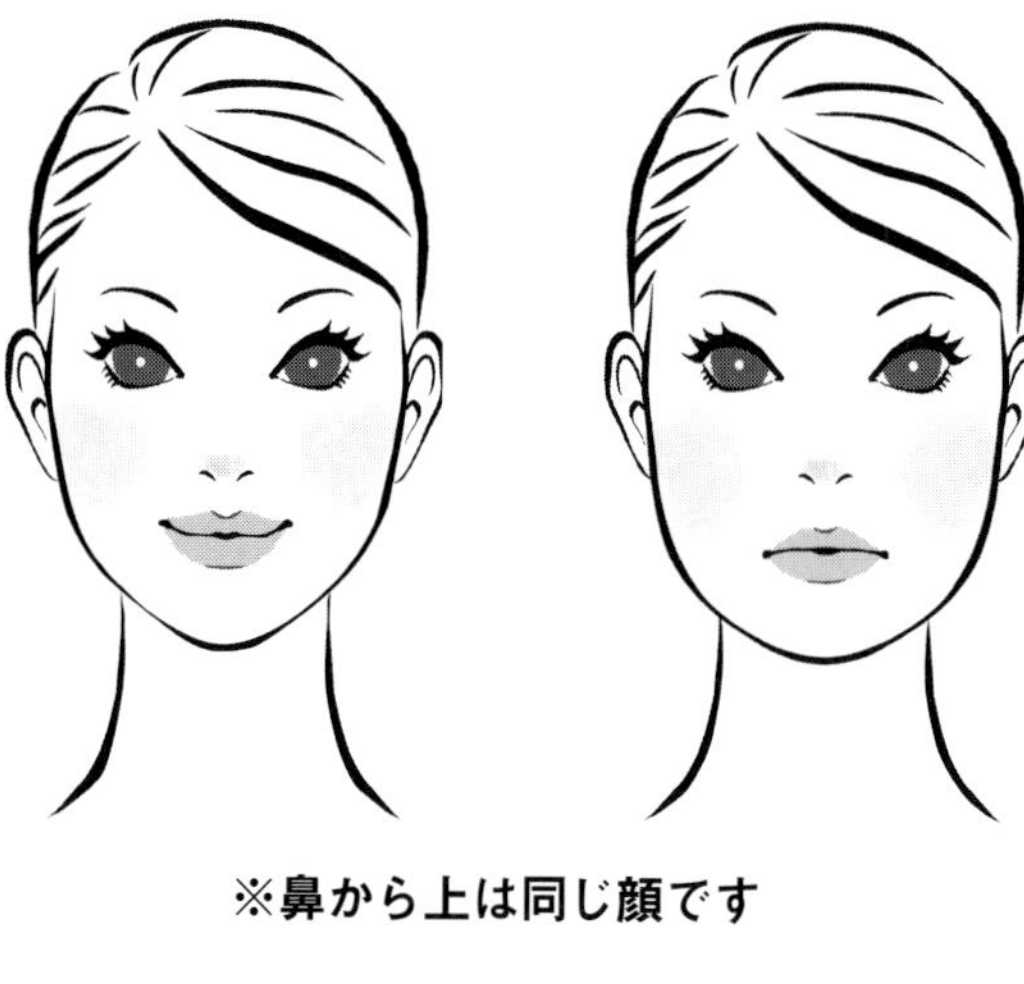

※鼻から上は同じ顔です

今までもお伝えしてきたように、**顔の上半分はメイクで変えられても、下半分は変えられません。**それでも、人は相手の目を見て美人、ブスを判断していると思い込んでいます。しかし、人間は会った瞬間に、**相手の目ではなく、顔のバランス、特に下半分の位置や角度で美人とブスを判断している**のです。

右ページのイラストを見てください。パッと見たとき、左側は微笑むような笑顔でやさしい印象を受けます。男女ともに好感を与える、整った美人顔です。一方、右側はなんとなく間延びしたような顔で、誰にでもモテる美人とは言えません。不機嫌そうで、声をかけるのをためらってしまいそうですね。

実は、この2つのイラストは、鼻から上、つまり目や眉のパーツは全く同じです。目元は同じでも、顔の下半分が変わるだけで、かなり印象が変わることがわかります。それくらい、顔の下半分は大事なのです。

顔の下半分の中でも、特に口元は、その人が「品があるかないか」を判断する重要な部分。「あの人、品があるな」と思う人は、口元が凛とした歯並びの美しい人ですよね。間違っても、口元がゆがんで、歯がガタガタの人のことを「品のある人」とは言いません。

また、男性にとって女性の口元は、無意識のうちに性的なアピールを感じる場所でもあります。お尻の大きな女性に繁殖能力の高さを感じとり、「自分のモノにしたい」と思うように、セクシーでぷっくりした唇を持つ女性に、男性は惹きつけられる傾向があるのです。

口元を制するものはモテを制す！

男女問わず、相手に〝この人と近づきたい！〟と思わせるためには、顔の下半分、特に口元を美しく整えることが大事なのです。

美しい口元を演出するために重要なのが、鼻から口までの長さや形状と、口角。第3章で紹介したチュートレを行うことで、若さの象徴である鼻の下の溝＝人中がくっきりとあらわれ、上唇が少しめくれます。そして、チークアップ　エクササイズを行うことで、頬の筋肉が鍛えられて、下がった口角が上がります。

さらに、第4章で紹介するスマイルラインや、笑顔の3段活用を身につければ、顔の下半分を短く、品よく見せ、相手に「かわいい」と思わせる瞬間美人の口元をつくることができるのです。

美顔術を会得した方々は、**年齢に関係なくどんどん若返って美しく見え「男性から声をかけられるようになった!」と喜んで報告してくれます。**

10代のあなたの写真を見てください。口角が上がっていませんか? 上唇がめくれていませんか? 顔筋トレーニングでその頃の顔の下半分を目指せば、いくつになっても若々しく、モテる口元を手に入れられます。

美人の定番、上がった口角のつくり方

映画やドラマで不幸な人、いつも不機嫌な人の顔を見てください。口角が下がっています。一方、いつも明るく、みんなに愛される役を演じる女性は、口角が上がっていて、笑っていなくても、いつも笑顔の印象があります。

このようにまわりをハッピーにしてくれる、愛され美人を決めているのが口角。上がった口角は、美人に欠かせない要素のひとつなのです。

では口角を上げるにはどうしたらいいのでしょうか？　自分はへの字口だからとあきらめないで！　**チュートレ**のときの上唇の動かし方と、**チークアップ エクササイズ**の頬の筋肉の使い方を思い出してください。さらに、モダイオラスの余分な力を抜けば、頬と上唇の筋肉が機能して、口角を引き上げることができます。

唇を閉じていても、口元を少し開けていても、頬と上唇の筋肉が常に機能していれば、口角はいつでも上がったままキープできるのです。

いつも口角の上がった美人顔でいるためには、とにかくこの顔筋トレーニングが必須。**鏡を見て毎日トレーニングすれば、左のイラストのようにいつも自然に口角が上がった美人になれますよ。**

ピヨピヨ
“チュートレ”と“チークアップ”で
美人の口角がつくれる!!

「スマイルライン」「リップライン」は美人のレベルアップに不可欠！

歯科の世界では、**美しい笑顔を構成するのに、2つのポイントが重要であると言われています。それが、美しいスマイルラインと、正しい位置のリップライン。**この2つが美人のレベルアップのカギとなります。

美しいスマイルラインは、上の歯の下端と下唇が沿っていることが理想です。下の歯が見えると老けた印象になるので注意してください。

上唇のリップラインは、上の歯の付け根に沿っていることが理想。笑った時に歯茎が見えないようにしましょう。歯茎が見える状態をガミースマイルというのですが、あまり美しい笑顔ではありません。下の歯、上の歯茎が見えずに、上の歯が8本分見えるような笑顔が最も美しい形です。

でも、顔筋の力が足りないと、上唇と下唇を最高の状態にキープすることができません。美人笑顔にも、顔筋トレーニングとマッサージの努力が不可欠なのです。この男性を落としたい、いい印象を持ってほしい！　と思うときに、最高レベルの笑顔をつくれるようにトレーニングしましょう。

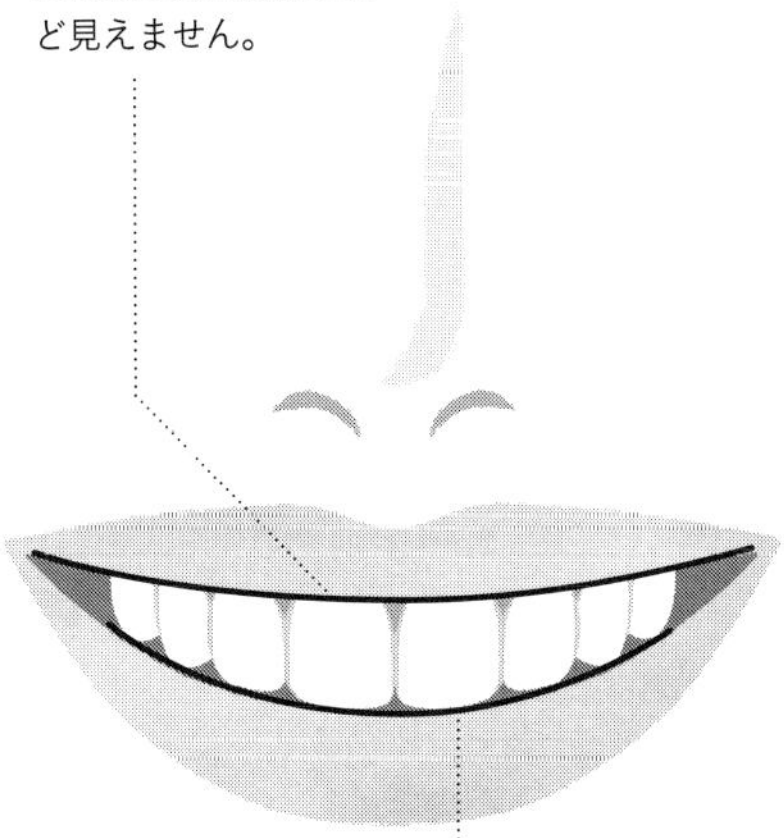

リップライン
上唇は上の歯のつけ根に沿ってまっすぐ伸び、上の歯の歯茎はほとんど見えません。
スマイルライン
上の歯の下端と下唇が沿った形に。下の歯は下唇に隠れて見えません。

恋も仕事もうまくいく！笑顔の3段活用を覚えよう

男性はいつも笑っている明るい女性が好きです。でも勘違いしないで！　笑顔は相手や用途によって使い分けなければダメ。もし、付き合いたいと思う男性に、いつも顔中を口にしたようなガハハ笑いをしていては、女友だちで終わってしまいます。

そこで、TPOに合わせた、3種類の笑顔の使い分け方をご紹介します。

まず100%の笑顔をつくるところからスタート。頬を斜めに引き上げる筋肉をしっかり使って、頬をできる限り上げましょう。**100%のこの笑顔はある程度親しくなってから、相手に嬉しさや楽しさを伝えるための笑顔**です。この笑顔は「アウトサイド　チークアップ」のエクササイズにもなります。

次に**思いきり頬を引き上げた100%の笑顔から、筋肉の使用量を60%に減らして、頬の力を少し抜きましょう。これがモテる笑顔**です。バラエティで活躍する女子アナの笑顔が目標。この笑顔は、何もかもを受け入れる印象を与え、男性が母性を感じるのです。

そして、**仕事の場では、そのやさしい笑顔からもう1段階頬をゆるめて、20%程度の力で頬を引き上げた1段階の笑顔**をつくりましょう。相手の言うことを受け入れながら、同時にこちらの意思を感じさせる笑顔になりますよ。

3段階の笑顔のつくり方

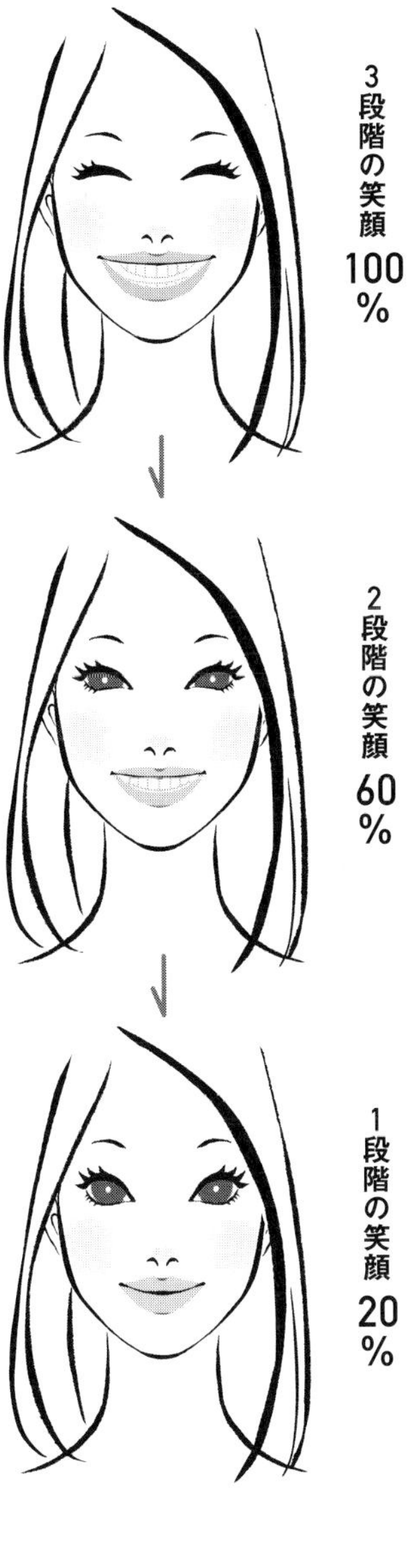

いつでも上唇を意識して、〝媚びないあひる口〟をつくろう

ここ数年、女の子たちがスマホやプリクラで撮った写真を見ると、みんなあひる口をしています。キュッと上がった口角は、かわいらしくてとても魅力的です。

しかし、30代、40代になっても媚びたあひる口では、知性が感じられません（でもこの年代であひる口ができるのは相当筋肉が強いという、よい証拠なのですが……）。また若い方でも、写真に写るときはいいけれど、いつでも唇が半開きの媚びたあひる口では、バカっぽく見えてしまって、相手からそのような扱いを受けてしまいます。

そこで私たちが目指すのは、美人度を上げる〝媚びないあひる口〟です。

私の友人に女子アナがいるのですが、彼女はとてもモテます。どんな集まりに行っても、男性が彼女を取り囲み、やさしくエスコートされるのです。だからといって女

性の反感を買うかといえば、一緒にいる女性への気遣いもパーフェクトなので、嫌われることがありません。彼女の笑顔はいつも、前述した2段階の笑顔をキープし、笑っていないときには**口を軽く閉じ、口角だけが上がった〝媚びないあひる口〟**になっています。

〝モテ〟を意識するなら、やはり女子アナの口元が最良の見本。笑うときには常に2段階の笑顔をつくり、笑っていないときには媚びないあひる口をキープすることが大

事なのです。
この媚びないあひる口をつくるにも、第3章の**チュートレがマスト。**上唇の筋肉＝口輪筋が鍛えられて、**いつでも自然なあひる口をつくれるようになります。**さらにこのチュートレがラクにできるようになると、石原さとみさんのようにぷっくりとふくらんだセクシーな唇もつくれるのです。

また、上唇のトレーニングは、場所を選ばずいつでもできます。例えばお酒の席。自然なあひる口になるように意識して口を動かしてみましょう。飲み会がつまらなくても、これもモテ顔になるためのトレーニングのひとつだと思えば、その場も楽しめるはず。そして一緒に飲んでいた男性が、あなたにとてもやさしくしてくれたら、あひる口＆美人顔トレーニングが成功している証かもしれません。

笑顔や唇で瞬間美人顔を自由自在に操れるようになると、おもしろいように男性からモテるようになりますよ。

第5章
一般人も歯が命！
美人歯のつくり方

一般人もやっぱり歯が命。〝透明感のある白い歯〟が顔を若く美しく見せる！

かつて「芸能人は歯が命」というCMがありましたが、彼らの**美しさの条件には、健康で美しい歯並びがある**のは周知の事実です。デビューが決まったタレントさんの中には、デビュー前に歯列矯正をされる方が少なくありません。がたがたの歯並びでは、ファンの心を射止められないのでしょう。

歯が大事なのは、芸能人だけでなく一般人も同じ。これまで歯科医師として、1万人以上のお口の中を拝見していますが、歯並びの悪い美人にはお会いしたことがありません。そう考えると、歯並びの美しさも美人を決める大切な要素になっているのだと思います。

それに、あなたは歯の汚い男性とキスできますか？　キスをするなら断然白く、清潔な歯の持ち主がいいですよね。男性だってもちろんそう思っています。前歯に食べかすがついているだけで、キスする気が失せることもあるくらいですから、「一般人だって歯は命」なのです。

しかしいくら気をつけていても、年齢を重ねると、歯は黄色くなってきます。また、喫煙や色素沈着しやすいお茶やコーヒーを飲む習慣でも、歯の色は黄ばんできます。

笑ったときに輝く、〝透明感のある白い歯〟は若さの象徴。これから紹介する歯の磨き方や、ちょっとした習慣、そして最近ずいぶんメジャーになってきた歯のホワイトニングで、歯は簡単に美しくすることができるので、ぜひ参考にしてください。

ひと手間で全然違う！ 歯科医が教えるケア法

あなたのポーチに歯磨きセットは入っていますか？ **モテ顔を目指すなら、ポーチには必ず歯ブラシ・歯磨き粉を入れておきましょう。**

諸説ありますが、虫歯や歯周病の原因となる細菌のエサとなる食べかすは、歯磨きで早めに取り除くほうがいいでしょう。そうすれば、歯に着色しにくくなりますし、歯に食べかすがはさまってる！ なんてヘマもありません。さらに、食後すぐに歯を磨くと「また食べたら磨かなきゃ」と思うので、間食が減って、ダイエット効果もあります。

白い歯を保つケア法でオススメなのが、色素沈着しそうな飲み物を飲むときに、一緒に水を飲むことです。

例えば、お酒の席。**赤ワインは歯に付着しやすいので、ワインと一緒に水を**

リクエストして、交互に飲むと歯に色素がつくのを防げます。「お酒が弱くて……」なんて一言をそえれば、女子力もグンとアップします。**コーヒーやお茶を飲んだ後にも、付着物を流すように水を飲んで**から、カフェを出るようにしましょう。

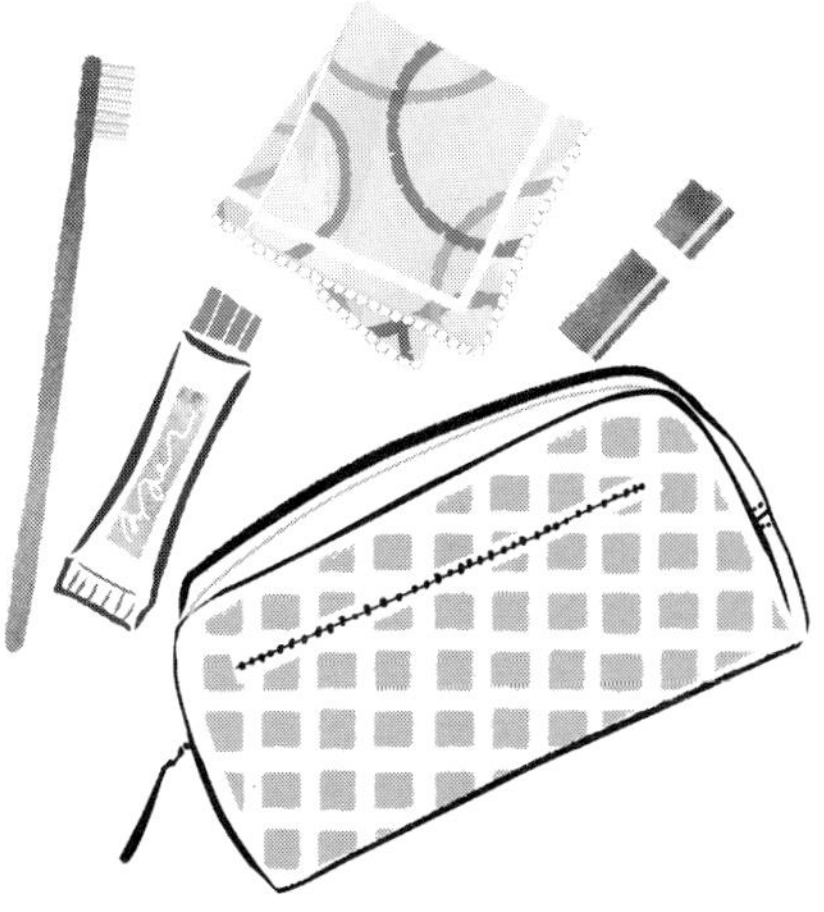

ポーチにはいつも
歯磨きセットをイン！

赤ワインを飲むときは必ず
お水と交互に！

清潔感はココに出る！ピンクの歯茎のつくり方

笑ったときや、話をしているときに歯茎は見えないのが美人の鉄則ですが、たまに見え隠れする歯茎がピンク色だと、より清潔感が際立ちます。逆にその歯茎が紫色だったり、たばこで黒ずんでいたら、いくら美人でもかなりガッカリ。美人だけど、私生活は荒れている？　体調が悪いのでは？　と、あらぬ想像をしてしまいます。

清潔感は歯茎に出る！　と心得て、ピンクの歯茎を目指しましょう！

歯茎の色が悪くなる原因のひとつは、血行不良です。そこで歯を磨くときに、歯だけではなく、歯茎と歯の根元との境目を磨きましょう。そうすることで、歯茎の血行をよくすることができます。

また**歯周病も歯茎の色を悪くする原因**。なんと成人の約8割が歯周病と言われています。歯周病は口臭の原因になったり、歯をぐらつかせて、噛み合わせを悪くしたりして、口腔内にとっていいことはひとつもありません。歯周病も歯磨きで予防できるので、ていねいな歯磨きを心がけてください。

歯磨きや、歯周病予防に注意しても歯茎の色が変わらなければ、歯のトラブルを抱えているのかもしれません。簡単なものでは歯石を取り除く治療もあります。口腔内にトラブルを感じたら、**歯科医師に相談してみましょう。**

力を入れすぎないように、歯ブラシを鉛筆持ちで持ちます。ブラシを歯に対して45度に傾け、歯の根元と歯茎の間にブラシの先が入るようにあてましょう。そのままやさしくブラシを動かして磨きます。寝ている間に口腔内の菌は爆発的に増えるので、夜寝る前には10分かけて磨きましょう。朝・昼は各2〜3分でOKです。

食いしばりを放っておくとブス顔、ブス肌になる！

エラが横に張り出していたり、頬が下がってきたら、食いしばりグセがあるかもしれません。

食いしばるその瞬間には、１００kg以上の力がかかるというから驚きです。そんな力が歯にかかると、歯が削れて知覚過敏になったりしますし、歯の高さが変わるので長い期間放っておくと、関節の位置も変わります。すると、筋肉が左右均等にうまく使われないので、顔がこるようになります。顔の筋肉の機能が落ちるので、頬がたれたり、ほうれい線が深くなるなど、せっかく美人顔トレーニングをしていても、ブス顔へまっしぐらです。

食いしばりは筋肉が緊張している状態ですから、顔の血液やリンパの流れも悪くなり、老廃物が外へ排出されづらくなります。**くすみや肌荒れ、むくみの原因にも**

なるので、美容のために、いいことはひとつもありません。

また、頭痛や肩こりの原因が、実は食いしばりだったという例もあります。美容だけでなく、健康を妨げる原因にもなるのが食いしばりです。

では、あなたは食いしばりをしているでしょうか？　自覚している人は少ないのではないでしょうか？　そこで自分が食いしばりをしているかどうかを知るために、鏡で舌を見てみましょう。舌のまわりがボコボコしていたら、食いしばりをしている可能性大です。食いしばっているときに舌を歯に押しつけているため、食いしばりをする人は舌の周囲と頬の内側に歯型がつきます。

もし食いしばりをしているなら、特に62〜65ページの**モダイオラスマッサージと、咬筋マッサージ、側頭筋マッサージを重点的に行ってみてください。**顔の筋肉がほぐれると緊張がとれ、食いしばりが緩和しますよ。

顔の形まで変わる！
歯列矯正は一番身近で安全な整形

笑うときに口を隠す女性がいます。そんな人を見ると、歯列矯正をすれば自信が持てるのに……と、よく思います。

矯正は子どもの頃に行うものと思っている人も少なくありませんが、最近マウスピース型の矯正など、種類が増え、大人になってからでも気軽に矯正ができるようになりました。

顔を変える整形手術に抵抗がある人も、歯列矯正にはあまり抵抗を示しません。歯列矯正は、顔の骨格が変わるのでフェイスラインやあごの位置が変わる、笑顔が変わるなど、その見た目の変化は整形手術並みです。ですから、**歯列矯正は最も身近で安全な整形手術**だといえるでしょう。

あごが長い、短い、口の上の部分が前にせり出しすぎているなど、**骨格にまつわる顔の下半分の悩みは、歯列矯正で整えることも**可能な場合があります。悩みがある人は、ぜひ一度歯科医師に相談して、歯列矯正の話を聞いてみてください。

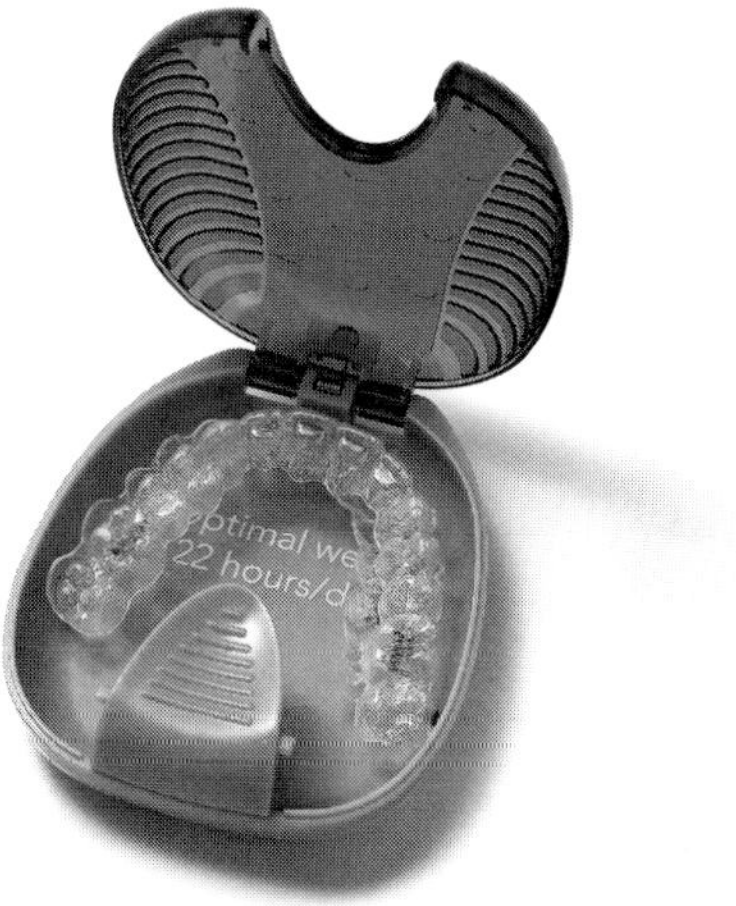

マウスピース型の矯正器具「インビザライン」。一人一人の歯に合わせた透明に近いマウスピース型の矯正装置で、目立たずに矯正ができます。段階的に装置のサイズを変えるので、無理なく矯正が可能。食事のたびに取り外しができるので、食べ物がはさまるなどの心配もナシ。人それぞれですが矯正期間は平均で2~3年。歯科医院でご相談を!

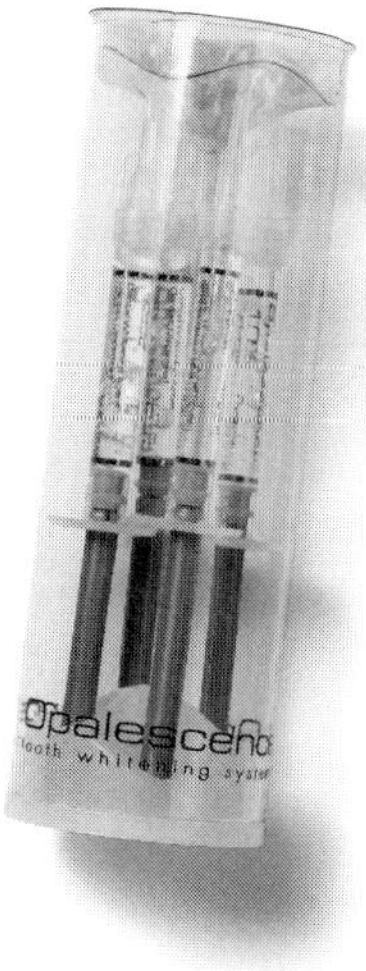

白い歯をつくるホームホワイトニングキット。歯科医院でホワイトニングケアをした後のホームケア用品として使うグッズで、薬液をつけて歯を白くします。また､歯科医院では「PMTC」という歯の着色をとり、歯を自然に美しくするケアがあります。3ヵ月に1度行う歯のエステとして、オススメです。

いい男かどうかは歯を見ればわかる！

これまで、美人顔、魅力的な笑顔、美しい歯のつくり方を説明してきました。もう十分に魅力的になったあなたに必要なのは、**いい男性の見極め方**です（笑）。合コンや飲み会で、いちいち会社名や出身校を聞くのは、嫌らしく思えます。それに、今の時代、一流企業や一流大卒だからといって、玉の輿とも限りません。

女性の幸せを左右する結婚相手選びでは、これから出世する男を見極めることが大切。**そんなときに役立つのが、歯**です。虫歯などで痛みを感じるとき以外は、歯科医に行かない方は多いですよね。だからこそ、歯並びや歯の色に気をつかっている男性は、間違いなく優良物件（いい男）なのです。104ページでチェックテストを紹介していますので、今の彼氏の歯をチェックしてみてください。既に結婚をしているなら、旦那さんに歯をキレイにするお金をかけてみましょう。歯がキレイになると、自信が持てるようになりますし、力が入るようになるので、バイタリティもアップ。出世すること間違いナシです。たかが歯と思うかもしれませんが、**私が診ている社長さんは、みなさん歯がキレイ。**初対面、例えば合コンでは、次の3つは絶対チェックして男性を選びましょう。

❶歯が黄ばんでいないか

歯をキレイに磨いている人、半年に一度、歯のクリーニングに通っている人は、自己管理がしっかりしていて堅実。身の回りの管理ができるので浮気をしない可能性大。

❷歯茎の色がピンク色か

黒ずんでいたり、血が出ていたら、ケアが甘い証拠。健康的なピンク色の人は、体力的にも精神的にも安定しています。

❸歯が欠けていたり、銀歯が多くないか

口の中がルーズな人は時間もルーズ。約束も守らないので、避けたほうがいい男性。

〝歯〞で見る優良男子チェックテスト

彼氏、もしくは出会った男性にあてはまる項目に
チェックを入れてください。

- □ 歯並びがキレイ
- □ 笑ったときに糸切り歯以降の奥の歯が白い
- □ 前歯の色がまだらではない
- □ 前歯がすべて統一感のある色(1本だけ色が違ったらNG)
- □ 前歯の際(歯肉と歯の境目)が黒く変色していない
- □ 歯が黄ばんでいない
- □ 上下の歯の色が同じで、白くてキレイ
- □ 息がさわやか(口臭がない)
- □ 歯肉の色がピンク色
- □ 歯肉がぶよぶよしていたり出血していない
- □ 歯が抜けていない
- □ 夜、きちんと歯を磨いている

【診断】チェックの数

12個 ▸ 一生ラクできる玉の輿男子かも!?
9〜11個 ▸ 一流企業のそこそこサラリーマンかも!?
6〜8個 ▸ 大きなお金を望まない一般家庭かも!?
3〜5個 ▸ 一緒に苦労を楽しむ家庭かも!?
0〜2個 ▸ あなたが彼を養う!? 貧乏男子かも!?

第6章
あなたの魅力がアップする12パターンの美人顔診断

誰でも自分なりの美人に！日本人の顔は12種類に分けられる

世界的な美人基準・黄金比率は日本人にはあまりあてはまらない、と、前述しました。では、日本人に美人はいないのかというと、そうではありません。日本人女優の方には、近寄りがたいほどキレイな方がいらっしゃいます。

では、日本人なりの美人とは？　そこに近づくには？　黄金比率とは違う、日本人のモテ顔、美人顔とはどんな顔？　そして私自身がモテ顔になるためには？（笑）という思いから、女優さんから一般の方々までの顔を計測、分析。その結果、FP、LPという日本人としての美人の基準を見つけたわけですが、もうひとつわかったことがあります。

それは、**日本人の顔は特徴別に12種類に分類できる**ということです。どんな美人女優さんも、一般の方も、必ず12種類のどこかにあてはまります。

112ページから、その測り方と12種類の顔の特徴、そしてより美人になれるメイク術を紹介しますので、ぜひチェックしてみてください。

「私は美人じゃないから……」「目が小さいから……」と思っている人も、実際に顔を計測してみると、自分が思っていたよりもかわいい系だったり、さわやか系だったり、けっこうイケているのでは（笑）なんて、新たな発見があるかもしれません。

そして自分の顔がどの種類かがわかったら、同種類の最高峰の芸能人に顔を近づけていきましょう。自分と違うタイプの美人顔になるのは難しいのですが、**自分と同じ種類に入る美人顔には、トレーニングとメイクで近づくことができる**のです。

12パターン別のあなたに合ったメイク法

12種類の顔の分類を紹介する前に、少しメイクのお話をさせてください。

美人顔、モテる顔を研究していた当初の私は、筋肉によって顔を変えることに夢中になり、メイク法には無頓着でした。しかし、研究すればするほど、**メイクの変身力も美人顔づくりには欠かせない**と思うようになったのです。そこで、歯科医師をしながらメイクの学校へ通い、メイクアップアーティストの資格を取得しました。

勉強中はたくさんの雑誌のメイク特集を見るのですが、そこにとても違和感を覚えました。モテメイク、お嬢さまメイク、ハンサムメイクなどなど、女性誌にはそのとき流行りのメイク法が毎号のように紹介されています。でもその特集で紹介されているメイク法は、ほとんどがひとつのやり方だけ。

一人として同じ顔がいないのに、みんなが同じメイクをして、雑誌に紹介された美人な仕上がりと同じ顔になるでしょうか？

それはみなさんがご存じの通り。**顔型を無視したメイクは、逆に欠点を強調してしまう**ことがよくあります。例えば、顔が丸く横幅の広い人が、笑ったときに頬が一番高くなる場所に、丸くかわいいチークを入れてしまうと、顔がよけい広がって見えるでしょう。顔が長くあごが気になる人が、フェイスラインにシェーディングを入れてしまったら、顔がより細く長く見えてしまいます。

そこで私は、12種類の顔のタイプごとに、美人バランスに近づくメイク法を考えました。目の位置やあごの形を考慮してあるので、あなたの魅力を生かし、コンプレックスをカバーできるはずです。ぜひ参考にしてみてください。

あなたはどのタイプ？ 12パターンの美人顔

1 正統派タイプ

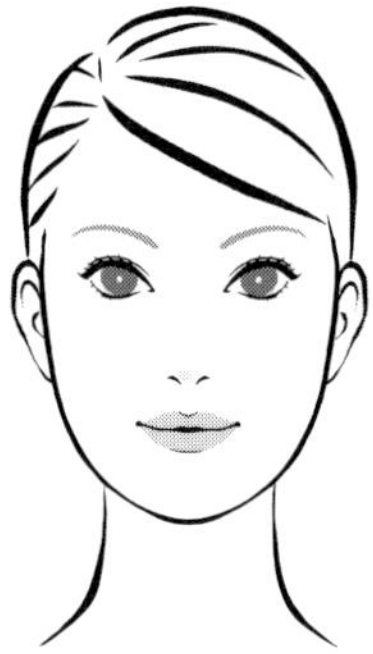

2 しなやかタイプ

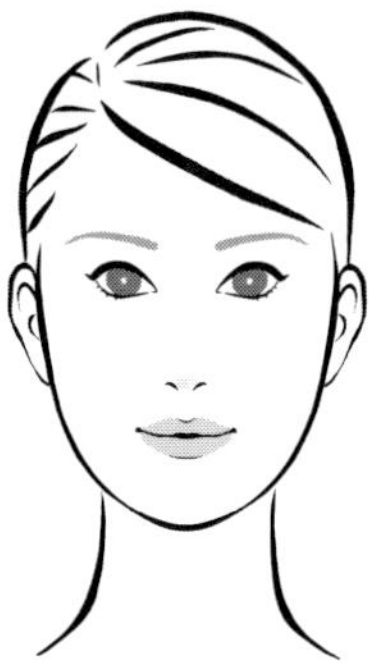

3 ドラマチックタイプ

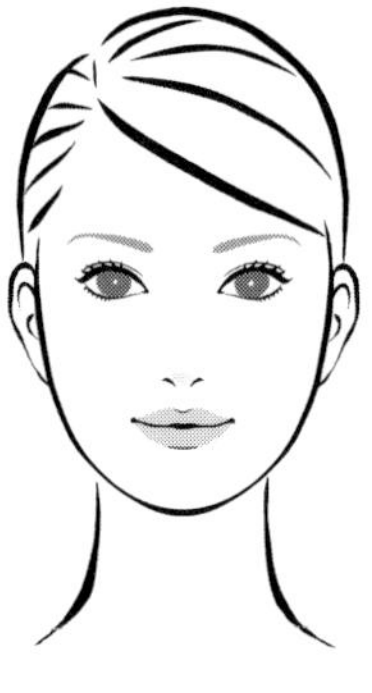

4 華《きゃ》奢《しゃ》タイプ

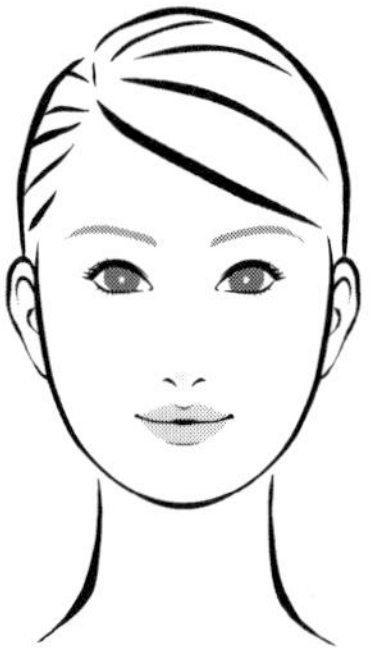

5 ミステリアスタイプ

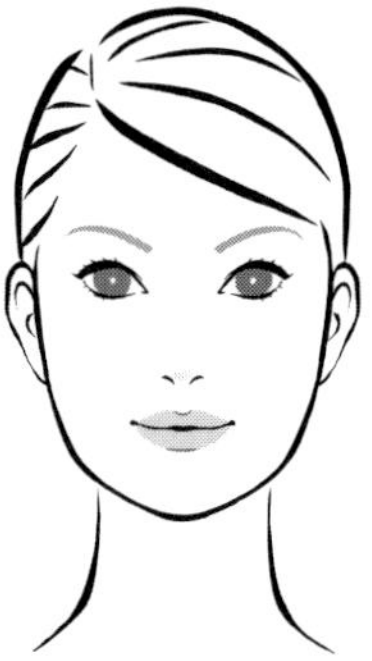

6 さわやかタイプ

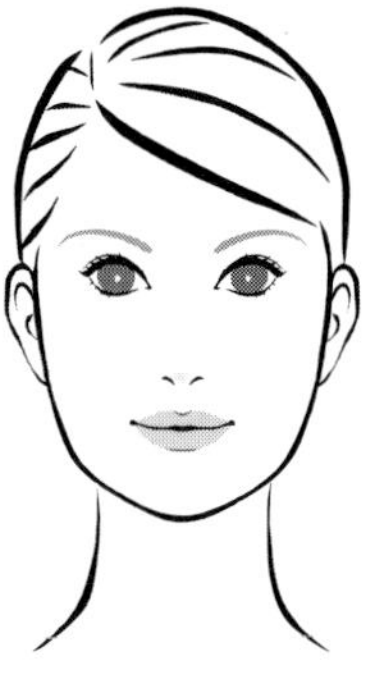

7 ハニータイプ

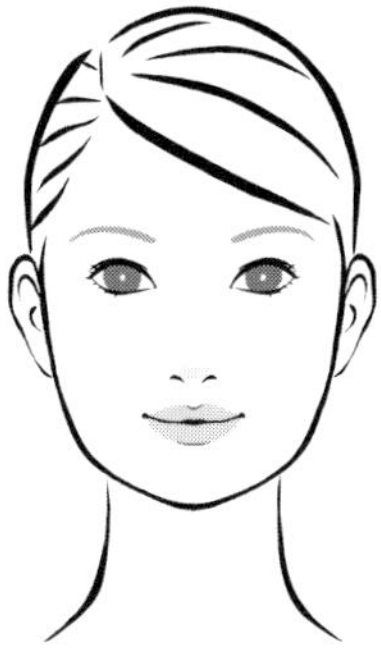

8 キュートタイプ

9 キレカワタイプ

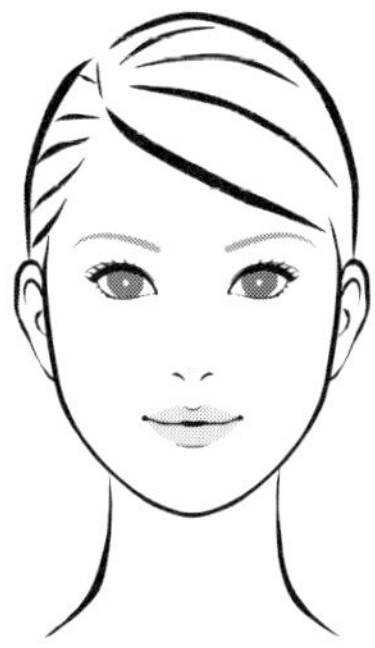

10 華やかタイプ

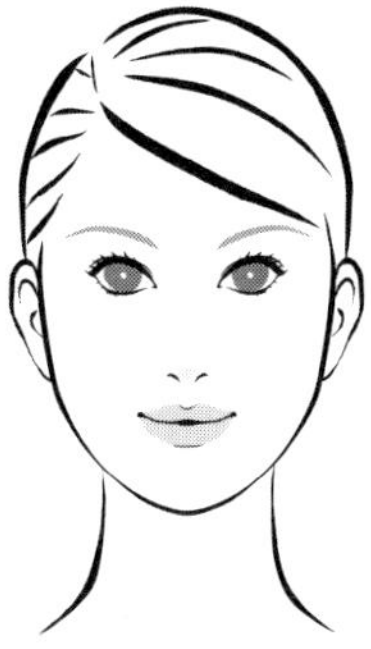

11 ドールタイプ

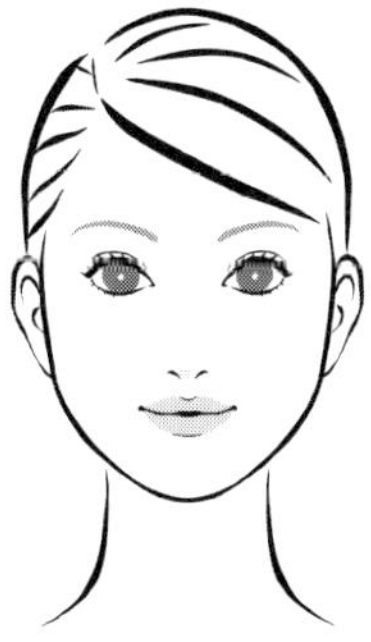

12 ラブリータイプ

どのタイプにあてはまるかは
次ページからの診断方法でチェック！

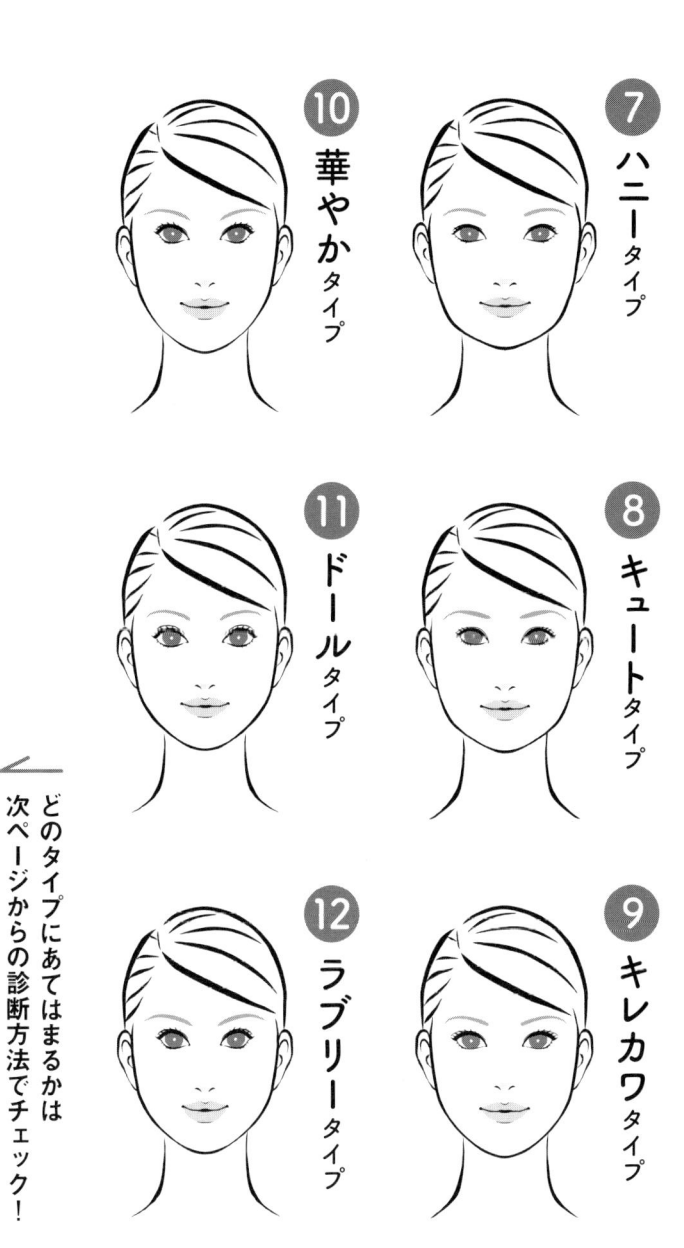

12パターン別の顔診断〈測り方〉

1 顔の写真を撮る

スマホなどの自撮り機能を使うか、誰かに頼んで、自分の正面顔を撮影します。耳の穴と目の下のくぼみを結んだ線が床と平行になるように意識し、あごの引きすぎや上げすぎに注意して撮影を。顔の力は抜いて無表情をつくりましょう。

2 FPを測る

鼻の下からあごの一番先までの長さ（B）÷眉頭の一番下から鼻の下までの長さ（A）が、FP。

B_____cm ÷ A_____cm

= ______（FP）

＊小数点第３位以下は四捨五入して

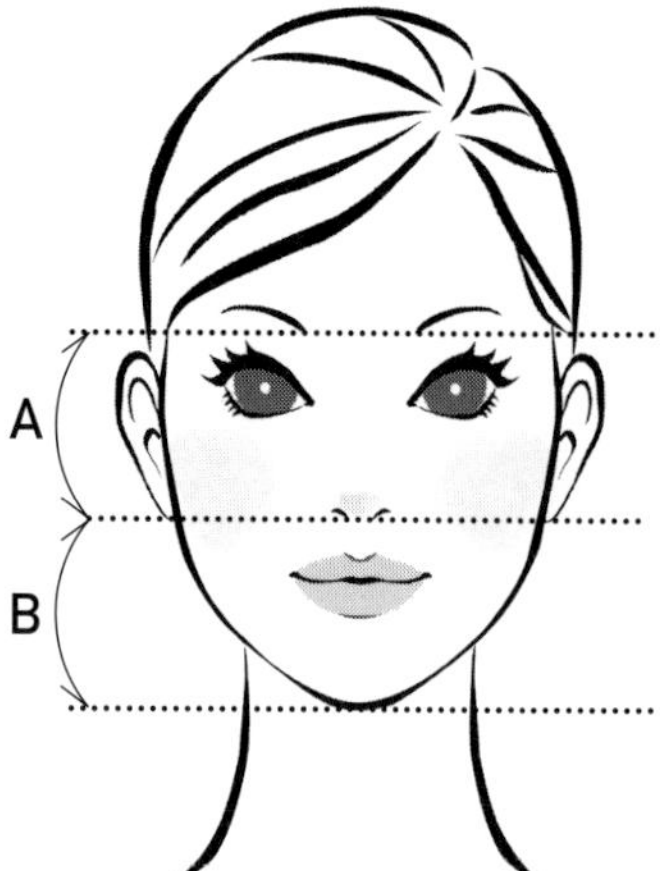

3 バランス角と小顔角を測る

両目の目尻と鼻の下を結んだ線の間の角度がバランス角。鼻の下を通る床と平行な線が、左右のフェイスラインにぶつかる位置と、あご先を結んでできる三角形の角度が小顔角。

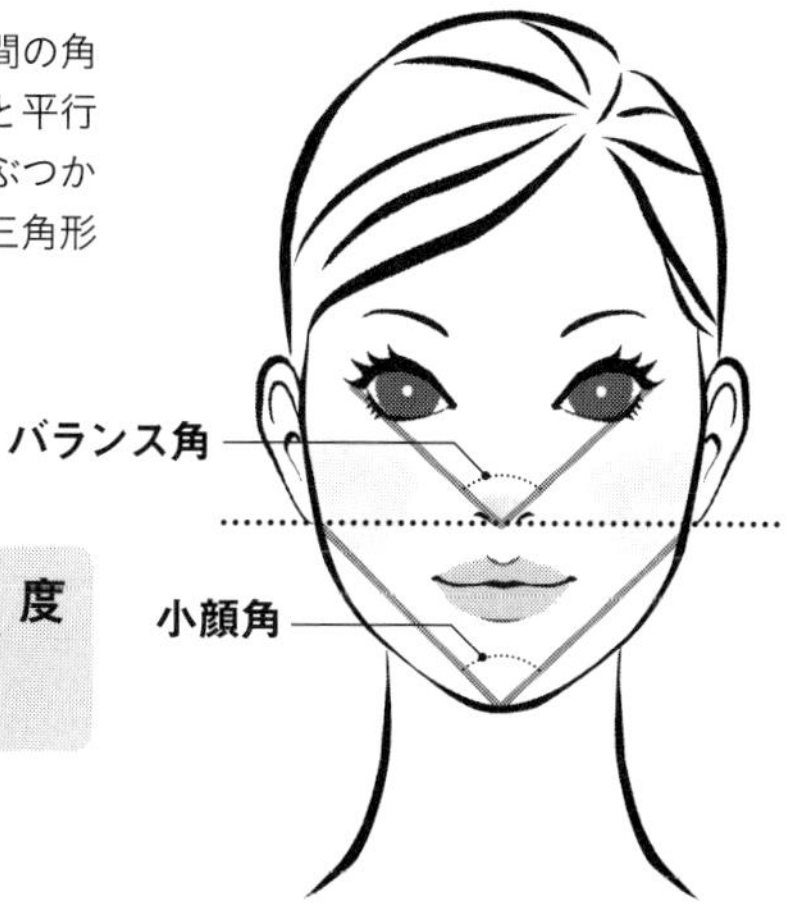

バランス角＝＿＿＿＿＿度
小顔角＝＿＿＿＿＿度

4 あごの形を判断する

②のＦＰと③の小顔角の値をもとに、以下の説明を見ながら、自分のあごの形がどれにあてはまるかを調べましょう。

あごの形＝＿＿＿＿型

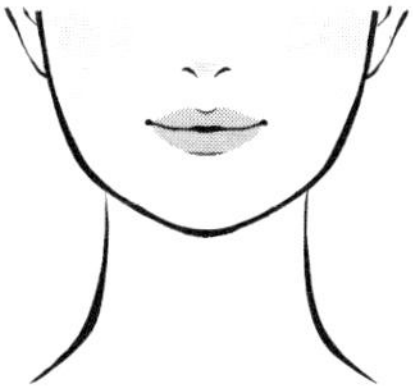

四角型

①FPが1.1以上で小顔角が90度以上の人。
②FPの値に関係なく、小顔角が95度以上の人。
③FPと小顔角の値に関係なく、耳の下のあごのラインが角張っている人。

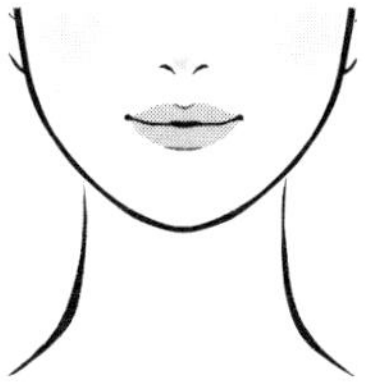

三角型

四角型の条件にあてはまらず、あごが細くてとがっている人。

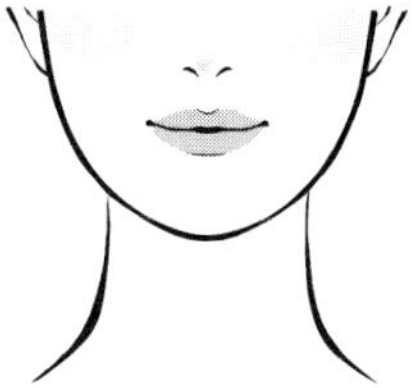

丸型

四角型の条件にあてはまらず、あごのラインが丸い人。

5 ①〜④の結果からタイプを判定!

FP	0.95未満 ▸ A（顔の下半分が短め） 0.95以上 ▸ B（顔の下半分が普通〜長め）
バランス角	86度未満 ▸ A（目が寄りぎみ） 86度以上 ▸ B（普通〜目が離れぎみ）
あごの形	丸型・三角型・四角型

※自分の顔を客観的に判断しよう!

FP：B、バランス角：B、あごの形：丸型 ▸ ❶正統派タイプ

FP：B、バランス角：A、あごの形：丸型 ▸ ❷しなやかタイプ

FP：A、バランス角：B、あごの形：丸型 ▸ ❸ドラマチックタイプ

FP：A、バランス角：A、あごの形：丸型 ▸ ❹華奢タイプ

FP：B、バランス角：B、あごの形：四角型 ▸ ❺ミステリアスタイプ

FP：B、バランス角：A、あごの形：四角型 ▸ ❻さわやかタイプ

FP：A、バランス角：B、あごの形：四角型 ▸ ❼ハニータイプ

FP：A、バランス角：A、あごの形：四角型 ▸ ❽キュートタイプ

FP：B、バランス角：B、あごの形：三角型 ▸ ❾キレカワタイプ

FP：B、バランス角：A、あごの形：三角型 ▸ ❿華やかタイプ

FP：A、バランス角：B、あごの形：三角型 ▸ ⓫ドールタイプ

FP：A、バランス角：A、あごの形：三角型 ▸ ⓬ラブリータイプ

12パターン別 メイクの基本!

W90度の法則を覚えよう

目と目の距離とあごの幅はメイクで調整できる!

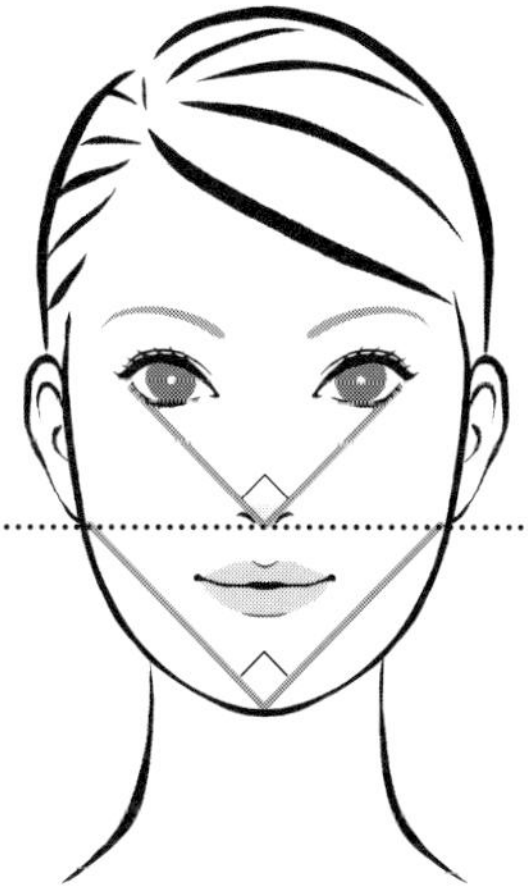

バランス角と小顔角ができるだけ90度に近いのが美人に見える顔ですが、そうではない人も**メイクで美人顔に近づけられます。**バランス角が90度より狭くて目と目の距離が近い場合は、アイラインやアイシャドウを目尻より長めに引いて90度に近づけて。また、小顔角が広くてあごの形がしっかりしている人は、フェイスラインにシェーディングを入れて、小顔角を極力90度に見えるようにします。これがW90度の法則。**目の錯覚を利用して顔を小さく、パーツのバランスをよく見せるのが、美人顔メイクの極意**です。

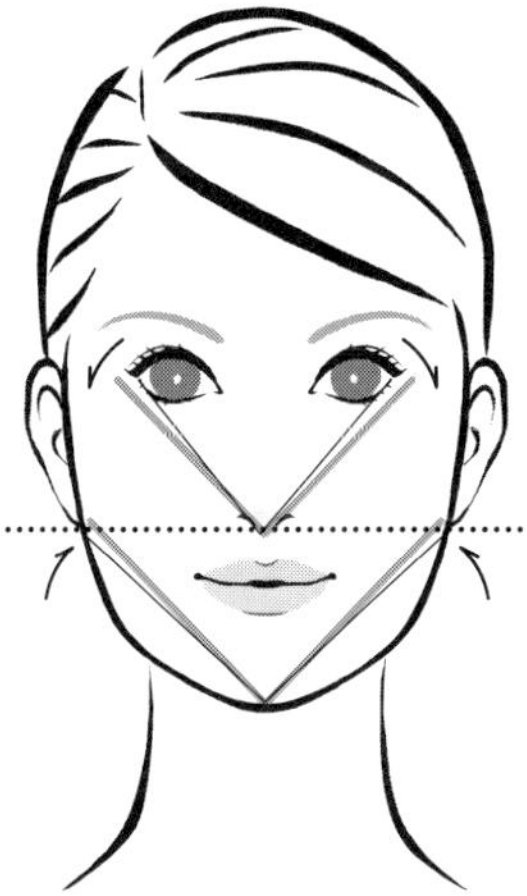

バランス角がAで、目と目の距離が近い人

▶ アイラインやアイシャドウを目尻より少し長く引いて90度に近づける。

あごの形が四角型で、小顔角が広い人

▶ フェイスラインにシェーディングを入れて、小顔角を90度に近づける。

1 正統派さん

ぱっと見でわかる、
誰もが認める美女

「正統派」タイプの芸能人

鈴木京香さん　仲間由紀恵さん
後藤久美子さん

あごの形 ▸ 丸型
FP ▸ B
バランス角 ▸ B

診断　もっとも黄金比に近い美人顔

このタイプにあてはまったあなたは、**まさしく正統派の美女**。世界的基準である美人顔の黄金比率に最も近いタイプの顔だといえます。顔筋のバランスは問題ないのですが、LPが2.7以下（鼻の下が少し長め）の人は要注意。口角が下がってきたと思ったら、チークアップ エクササイズとチュートレを念入りに行いましょう。

メイク術　そのままを生かしたナチュラルメイクを!

眉、目、鼻、口、どのパーツもほぼ理想に近い位置にあるので、**自分の目や眉に沿って自然なラインを入れるのが一番**です。アイシャドウを薄くしても濃くしても似合います。重心を外側にもってくるとエキゾチック美女に、内側にもってくると艶やか美女に。ただし、かわいらしい雰囲気はあまりオススメしません。**成熟した大人の美女、という雰囲気がぴったり**なので、デートやパーティーなどでは、アイラインを目に沿ってしっかり引き、アイシャドウは目の形に沿って半円状にグラデーションで入れましょう。チークは頬の一番高いところから頬骨に沿って自然に。中心に丸く入れるだけのチークは避けたほうが、あなたの魅力が生きてきます。

エクササイズのオススメ回数

モダイオラスマッサージ …… **1**セット
咬筋マッサージ ……………… **1**セット
側頭筋マッサージ …………… **1**セット
チークアップ エクササイズ … **2**セット
チュートレ ………………… **1**セット
舌出しエクササイズ ………… **1**セット

2

しなやかさん

上品な顔立ちをつくれば
〝美人〟の名はほしいまま

「しなやか」タイプの芸能人

天海祐希さん　松嶋菜々子さん
石田ゆり子さん

あごの形 ▸ 丸型
FP ▸ B
バランス角 ▸ A

診断 顔の筋肉バランスがいい上品顔

顔の筋肉バランスがよく、上品な顔立ちが多いのがこのタイプ。ただ、**油断をすると顔の下半分の筋肉が強くなり口角が下がりやすくなります。**

ふだんから口まわりによけいな力を入れないように注意しましょう。

メイク術 顔の外側にポイントを置くメイクを!

バランス角が狭い（目と目の距離が近い）ために、顔の中心に重心が集まってしまい、目が少し小さく見えたり、顔を長く錯覚させてしまうことがあります。そこで顔の外側にポイントを置くメイクを!

狭いバランス角を広く見せるために、**アイラインやアイシャドウは、目尻より少し長く引くのがポイント**です。ただ、このタイプはパーツのバランスがよい方が多いので、メイクはあまり濃くしないほうが似合います。アイシャドウは、かなり薄めのグラデーションで目尻に重心がくるように入れて、アイラインは夜デートや会食のときに足すくらいで十分。チークは、頬の一番高いところよりも少し外側にのせるとバランスのよい顔に近づけることができます。余分なシェーディングはナチュラル美人には必要ありません。**自分の輪郭を存分に生かして**ください。

エクササイズのオススメ回数

モダイオラスマッサージ …… 1セット
咬筋マッサージ …… 1セット
側頭筋マッサージ …… 1セット
チークアップ エクササイズ …… 2セット
チュートレ …… 1セット
舌出しエクササイズ …… 1セット

3

ドラマチックさん

目鼻立ちのはっきりした凛とした顔立ち

「ドラマチック」タイプの芸能人

沢尻エリカさん　長谷川潤さん
浦浜アリサさん

あごの形 ▶ 丸型
FP ▶ A
バランス角 ▶ B

診断　あごが短い現代風のハーフ顔

目鼻立ちがはっきりした、男性にも女性にも愛される顔。あごが短く小さい、現代風のハーフ顔の人がここに属します。**あごが短いために頬の筋肉がたるみやすい人も。**口角が下がってきたと思ったら、チークアップ エクササイズを重点的に行いましょう。また、奥歯がキレイに並んでいない人も少なくないので、食いしばりや噛み合わせが悪いと感じたら、早めに専門医に相談を!

メイク術　大人っぽくしたい場合はチークを外側に入れて

どんなアイテムも自分のものにできる、**メイク映えする顔立ち。**基本的には自分のパーツに沿って眉やアイラインの長さを決めてOK。**幼さを感じるメイクは、このタイプにはあまり似合いません。**かわいらしい雰囲気にしたい場合は、頬骨の下に薄めに丸くチークを入れましょう。ただし、入れすぎは注意!　二重の幅が広い人は、アイシャドウをグラデーションで入れましょう。こうすることで、アイラインなしでも十分に目元が映えます。一重の人は逆に、目に沿って、アイラインだけはっきりと描けば、エキゾチックな美人顔になれるでしょう。みんなと差がつけられますよ。

エクササイズのオススメ回数

モダイオラスマッサージ …… 2セット
咬筋マッサージ …… 1セット
側頭筋マッサージ …… 1セット
チークアップ エクササイズ … 2セット
チュートレ …… 1セット
舌出しエクササイズ …… 1セット

4

華《きゃ》奢《しゃ》さん

男性が守りたくなるような、はかなげな雰囲気を持つ

「華奢」タイプの芸能人

檀れいさん　北川景子さん

あごの形 ▸ 丸型
FP ▸ A
バランス角 ▸ A

診断　人の記憶に残るバランスのよいパーツ

下のあごが小さく、それぞれのパーツは大きくありませんが、小粒なパーツがバランスよく配置され、なぜか人の記憶に残る、はかなげな印象の顔をしています。心配なのは「ドラマチック」さんと同じようにあごが小さいので、**頬の筋肉が比較的少なく弱いため、加齢とともにたるみが出やすい**こと。チークアップ エクササイズを意識して行いながら、噛み合わせが悪いようなら専門医に相談を!

メイク術　目尻を長めに引いて目と目の間を広げる

バランス角が狭いために目と目の距離が近く、顔の中心に重心が集まっています。そのため、目が小さく見えたり、きつい雰囲気になってしまうことも。そこで、バランス角を90度に近づけるように、**アイシャドウを目尻の外側まで広げ、目尻を少し囲むようにしましょう。**

また、目尻よりも長めにアイラインを引くと、さらにバランス角を90度に近づけます。チークは、かわいらしさを演出するために、頬骨の下に、軽めに丸く入れましょう。さらに魅力が引き立ちますよ。

エクササイズのオススメ回数

モダイオラスマッサージ …… 2セット
咬筋マッサージ …… 1セット
側頭筋マッサージ …… 1セット
チークアップ エクササイズ … 2セット
チュートレ …… 1セット
舌出しエクササイズ …… 1セット

5

ミステリアスさん

老けにくい
エキゾチックな顔の持ち主

「ミステリアス」
タイプの芸能人

中山美穂さん
菅野美穂さん

あごの形 ▸ 四角型
FP ▸ B
バランス角 ▸ B

診断　早めに〝頬こけ〟予防を行いましょう

大人っぽくてエキゾチックな顔立ち。エラが張っている方が多いので、気になるようなら咬筋マッサージを多めに行いましょう。このタイプは、**年を重ねると頬がこけて目立ってくる**人が少なくありません。頬の筋肉を意識したチークアップ エクササイズで、若い頃から頬こけ対策を。

メイク術　目尻を長めにして エラ張りを目立たなくする

目と目の距離は近くなくても、あごの形が四角型で顔のフレームが大きめだと、パーツは中央に寄って見えます。そこで、目尻のシャドウやラインを長めにして**バランス角を90度より少しオーバーにするメイクを。そうすることで**エラ張りが目立たなくなります。シャドウは色を重ねて、少し濃いめで目尻にポイントをもってきましょう。ラインを太くするよりは、**ていねいなシャドウ重ねがオススメ。**目尻の少し外側から目を囲う筋肉・眼輪筋をなぞるようにシャドウを入れましょう。チークは頬骨に沿ってナチュラルに。エラのあたりに、薄くシェーディングをすると、よりエラが目立たなくなり、フェイスラインがシャープに見えます。

エクササイズのオススメ回数

モダイオラスマッサージ …… **2**セット
咬筋マッサージ …… **2**セット
側頭筋マッサージ …… **2**セット
チークアップ エクササイズ …… **2**セット
チュートレ …… **1**セット
舌出しエクササイズ …… **1**セット

6 さわやかさん

老若男女、誰からも好かれる健康的な美人

「さわやか」タイプの芸能人

長谷川理恵さん　RIKACOさん

あごの形 ▸ 四角型
FP ▸ B
バランス角 ▸ A

診断　いつまでも若々しく老けにくい

誰からも好感を持たれる、はつらつとした健康的美人という印象。このタイプの人は老けて見えにくいので、**いつまでも若々しい印象を与えます。**

ただし、バランス角が狭い（目と目との距離が少し寄りぎみ）ため、**顔が大きく見えてしまう可能性も。**また、エラが張って見える人も少なくありません。

メイク術　シェーディングで小顔に

このタイプは小顔角とバランス角をできるだけ90度に近づける**W90度の法則**を守りましょう！目が少し寄っているように見えると、エラが目立ったり、あごが長く見えるので、**W90度の法則**を使って、それを解消していきます。まず、バランス角90度を目指して、**目尻より長めにアイラインをしっかり引きます。**そこからそのラインを少しぼかすようにしてアイシャドウをのせましょう。目尻から目を囲む筋肉・眼輪筋に沿って、円を描くように入れます。次に小顔角を90度に近づけるため、**フェイスラインにはシェーディングを入れる**とバランスのよい顔に近づきますよ。

エクササイズのオススメ回数

モダイオラスマッサージ …… 2セット
咬筋マッサージ …… 2セット
側頭筋マッサージ …… 2セット
チークアップ　エクササイズ …… 2セット
チュートレ …… 1セット
舌出しエクササイズ …… 1セット

7 ハニーさん

いくつになっても「かわいい」と言われる童顔

「ハニー」タイプの芸能人

宮﨑あおいさん　永作博美さん

あごの形 ▸ 四角型
FP ▸ A
バランス角 ▸ B

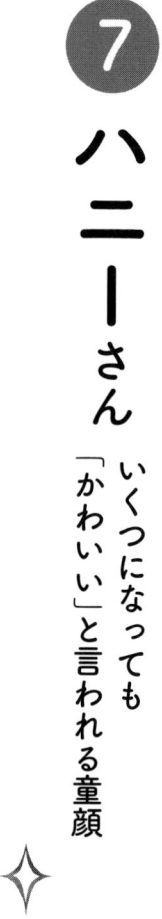

診断　年齢を重ねると頬がこける危険性が!

エラは張っているけれど、顔の下半分が短いので、**いくつになっても、年齢より若く見られる童顔**です。頬が丸くてふっくらしている分、年齢を重ねると頬のこけが目立ってきます。特に歯ぎしり、食いしばりをする人は、頬がこけやすいので注意。咬筋マッサージとチークアップ エクササイズは念入りに行いましょう。

メイク術　頬の外側にチークを入れて小顔に見せて

顔の下半分が短く、バランス角が大きいというのは、老け顔からもっとも遠い、いつまでも若々しいバランスといえます。大人っぽい雰囲気を出したいときには、アイラインは少し濃く、アイシャドウの色をボルドーやゴールドなどの色にして、変化をつけるのがオススメです。

目が少し離れぎみの人は、目頭にホワイトやピンクベースのポイントを入れて、視覚的に目を近づけましょう。また、チークは頬の一番高い部分よりも少し外側に入れて。エラ張りが気になる場合には、フェイスラインにシェーディングを入れれば小顔に見えます。

エクササイズのオススメ回数

モダイオラスマッサージ …… 2セット
咬筋マッサージ ……………… 2セット
側頭筋マッサージ …………… 1セット
チークアップ エクササイズ … 2セット
チュートレ …………………… 1セット
舌出しエクササイズ ………… 1セット

8

キュートさん

若々しさと上品さを
あわせ持つ

「キュート」タイプの芸能人

上戸彩さん

あごの形 ▸ **四角型**
FP ▸ A
バランス角 ▸ A

診断　口角に気をつければずっと若々しくいられる

「ハニー」さんと同様、いつまでも若々しいのですが、かわいすぎず上品な印象を受けるのがこのタイプ。上戸彩さんのようにメイク次第で大人顔にも子ども顔にもつくれる、うらやましい顔立ちです。**問題は口角が下がりやすいという点。**加齢とともに口角が下がる前に、モダイオラスマッサージやチークアップ エクササイズ、チュートレを意識して行いましょう。また、笑うときにも口角を意識するのを忘れずに。

メイク術　頬の外側にチークを入れて小顔に見せて

バランス角が狭い（目と目の距離が近い）ため、**アイラインは目尻を長めに引いてバランス角を広く見せましょう。**アイラインは濃いめに入れ、アイシャドウは目を囲むように入れれば、大人っぽい雰囲気に。色みのあるアイラインだけを目尻の外まで引いても、かわいい色のアイシャドウを目尻の外に重心がくるように入れてもいいでしょう。**チークは丸く置くよりも、頬骨に沿って外側に長めにのせる**ことで、顔をシャープに見せることができます。

エクササイズのオススメ回数

モダイオラスマッサージ …… 2セット
咬筋マッサージ …… 2セット
側頭筋マッサージ …… 1セット
チークアップ エクササイズ …… 2セット
チュートレ …… 1セット
舌出しエクササイズ …… 1セット

9

キレカワさん

キレイとかわいらしさを
兼ね備えた魅力的な人

「キレカワ」タイプの芸能人

米倉涼子さん　武井咲さん
長澤まさみさん

あごの形 ▸ 三角型
FP ▸ B
バランス角 ▸ B

診断　あごが細い分、フェイスラインのたるみに注意

あごのラインが美しい、キレイとかわいらしさを兼ね備えたタイプ。あごが細い分、顔の筋肉が少し足りない傾向があります。そのため、年を重ねると一気に老け顔になる可能性も！　特に頬のたるみには要注意。将来、**やせているのに何となくフェイスラインがぼけてきて、横顔ブスになるかも！**フェイスラインを引き上げるために、チークアップ エクササイズのアウトサイドを重点的に行って。

メイク術　どんなメイクでもモテ顔をつくれる！

このタイプは、どんなメイクでもOK。かわいらしさを強調したいときは、メイクで涙袋をつくりましょう。濃くならないように気をつけながら、目の下にホワイトやピンク、ベージュのパール感のあるものを入れます。目鼻のバランスはよいので、それを生かしていきますが、**少し目が離れている人は、目頭にポイントを入れて、目と目を近づけるように見せましょう。**濃いメイクも似合いますが、素肌感を出すベースメイクをして、赤いかわいいリップをのせるだけでも、十分モテ顔を演出できるはず。チークは頬の一番高い部分に自然にのせましょう。また、濃いシェーディングを入れると、頬がこけて、老け顔の原因になるので注意して。

エクササイズのオススメ回数

モダイオラスマッサージ …… 1セット
咬筋マッサージ ……………… 1セット
側頭筋マッサージ …………… 1セット
チークアップ エクササイズ … 3セット
チュートレ …………………… 2セット
舌出しエクササイズ ………… 1セット

10

華やかさん

あごのラインが美しい
品のある顔立ち

「華やか」タイプの芸能人

藤原紀香さん　吉瀬美智子さん

あごの形 ▸ 三角型
FP ▸ B
バランス角 ▸ A

診断　あごの美ラインをキープすれば、ずっと美人!

フェイスラインが美しく、品のある顔立ちです。しかし、あごが小さいので歯が並びきらず歯並びが悪くなったり、あごの筋肉が少し足りないので、**年齢を重ねるとほうれい線が出やすく、口角が下がりやすくなります。**

モダイオラスマッサージで頬の筋肉をゆるめ、チークアップ エクササイズやチュートレで日頃から顔筋を強化して、年齢を重ねてもたるまない頬を目指しましょう。

メイク術　メイクのポイントは顔の外側に

あごが小さく細いうえ、目、鼻、口がセンターに寄っているので、どうしてもアンバランスな印象になりがち。**アイメイクのポイントを顔の外側に持っていき、**バランス角を広めに（目と目を離して）見せることが大切です。そこでアイラインは目尻より長めにしっかり入れ、アイシャドウはアイラインを生かすように外側に重心を持っていき、目のまわりの筋肉に沿って入れましょう。

また、チークは笑ったとき一番高くなる場所から外側に向かってグラデーションで入れましょう。**かわいらしいメイクより、大人の女を目指したほうが魅力的に見えますよ。**

エクサイズのオススメ回数

モダイオラスマッサージ	1セット
咬筋マッサージ	1セット
側頭筋マッサージ	1セット
チークアップ エクササイズ	3セット
チュートレ	2セット
舌出しエクササイズ	1セット

11 ドールさん

みんなが憧れる
お人形さんのような小顔

「ドール」タイプの芸能人

佐々木希さん　安達祐実さん
田中麗奈さん

あごの形 ▸ 三角型
FP ▸ A
バランス角 ▸ B

診断　年をとるとブルドッグ顔になる可能性が

誰もが憧れる人形のようにかわいいタイプ。キレイよりかわいいと表現されることが多いでしょう。**あごが小さいので、噛む力も弱く、顔筋の力が足りない人が多いようです。**筋肉を鍛えないと、年齢とともに頬がたるんでブルドッグのような顔に！　チークアップエクササイズとチュートレを日課にして、顔筋強化に励みましょう。

メイク術　骨格や目に沿ってメイクをすればOK

非常に恵まれたこのタイプは、メイクをしなくても十分モテ顔です。**ベースメイクだけきちんとして、すっぴん風にするとより好感度がアップ。**アイラインは目の形に合わせて。無理に長くする必要はありませんが、小悪魔風に見せたければ目尻を少し跳ね上げ、清純派に見せたければ跳ね上げずに長めに引きましょう。アイシャドウはあまり濃く入れず、TPOに合わせて好きな色をチョイス。目と目が少し離れぎみなので、目頭にポイントを入れるなどして目の距離を狭めれば、かわいい顔に。チークは、笑ったときに頬の一番高くなる場所に入れること。顔の輪郭が三角に近いために、**チークを横長に入れてしまうと、きつい印象になるので注意**してください。

エクササイズのオススメ回数

モダイオラスマッサージ …… 1セット
咬筋マッサージ …… 1セット
側頭筋マッサージ …… 1セット
チークアップ エクササイズ …… 3セット
チュートレ …… 3セット
舌出しエクササイズ …… 1セット

12 ラブリーさん

大人の品と
かわいらしさで魅了する

「ラブリー」タイプの芸能人

石原さとみさん　広末涼子さん

あごの形 ▸ 三角型
FP ▸ A
バランス角 ▸ A

診断　あごが小さいので、たるみやほうれい線に注意

品のある大人な一面を見せながら、笑うと人を惹きつけるのがこのタイプ。あごが小さく、顔筋が弱いのは「ドール」タイプと同じ。頬の筋肉が細く弱いため、**リンパや血液の流れが滞ってむくみやすくなります。**また、頬もたるんで、ほうれい線が出たり、口元がゆるむ傾向があるので、顔筋のトレーニングは欠かせません。

メイク術　重心を外側にもっていくアイメイクを!

目鼻がセンターに寄っているので、あごのラインが強調されてキツいイメージになってしまいます。このタイプはバランス角を90度に近づけるメイクを。アイラインの目尻は長めにして、アイシャドウも視覚的に重心を少し外側にもってくるとバランスよくなります。ただし、**メイクを濃くすると、「ラブリー」さんのよさが消えてしまいます。**せっかくの美しい輪郭なのですからそれを生かしたナチュラルメイクを心がけましょう。

チークは笑ったときに一番頬が高くなる場所を頂点として、丸くふんわり入れるのが似合います。**リップは厚塗りにせず、グロスをほんのりプラスする**だけで、とてもかわいくなりますよ。

エクササイズのオススメ回数

モダイオラスマッサージ …… 1セット
咬筋マッサージ ……………… 1セット
側頭筋マッサージ …………… 1セット
チークアップ　エクササイズ … 3セット
チュートレ …………………… 3セット
舌出しエクササイズ ………… 1セット

歯も肌も輝く！是枝先生愛用グッズ

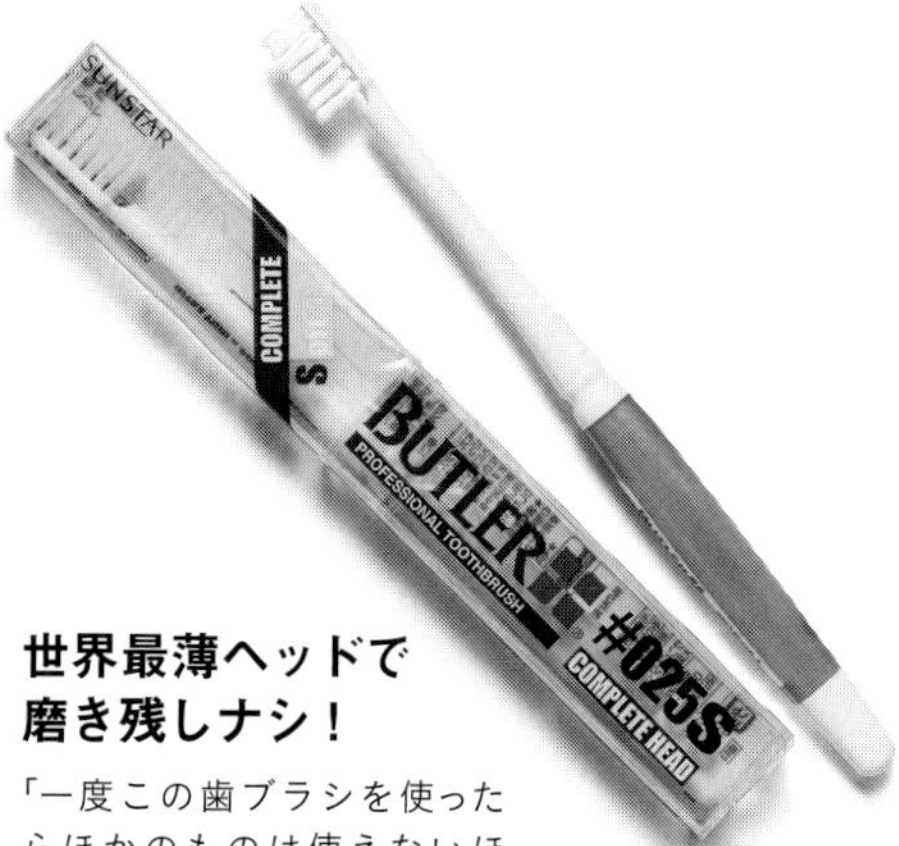

世界最薄ヘッドで磨き残しナシ！

「一度この歯ブラシを使ったらほかのものは使えないほど、磨きやすい!」。市販の歯ブラシでは届きづらい場所でも、2.5mmの世界最薄・超薄型ヘッドなら、口腔内の隅々まで行き届く！　歯肉炎や歯周病、またその予防に最適です。BUTLERエフブラシ＃025（ふつう・やわらかめ）／サンスター（歯科専売商品）

歯周病予防&口臭予防用の乳酸菌サプリ

「食後は歯ブラシと、このサプリを習慣にしています」。歯周病の病原菌に働く乳酸菌サプリ。食後の歯磨き習慣とともに、サプリを摂ることで、歯周病を予防。さらに、気になる口臭も防いでくれます。1日3粒が目安。Systema歯科用オーラルヘルスタブレット／ライオン歯科材（歯科専売商品）

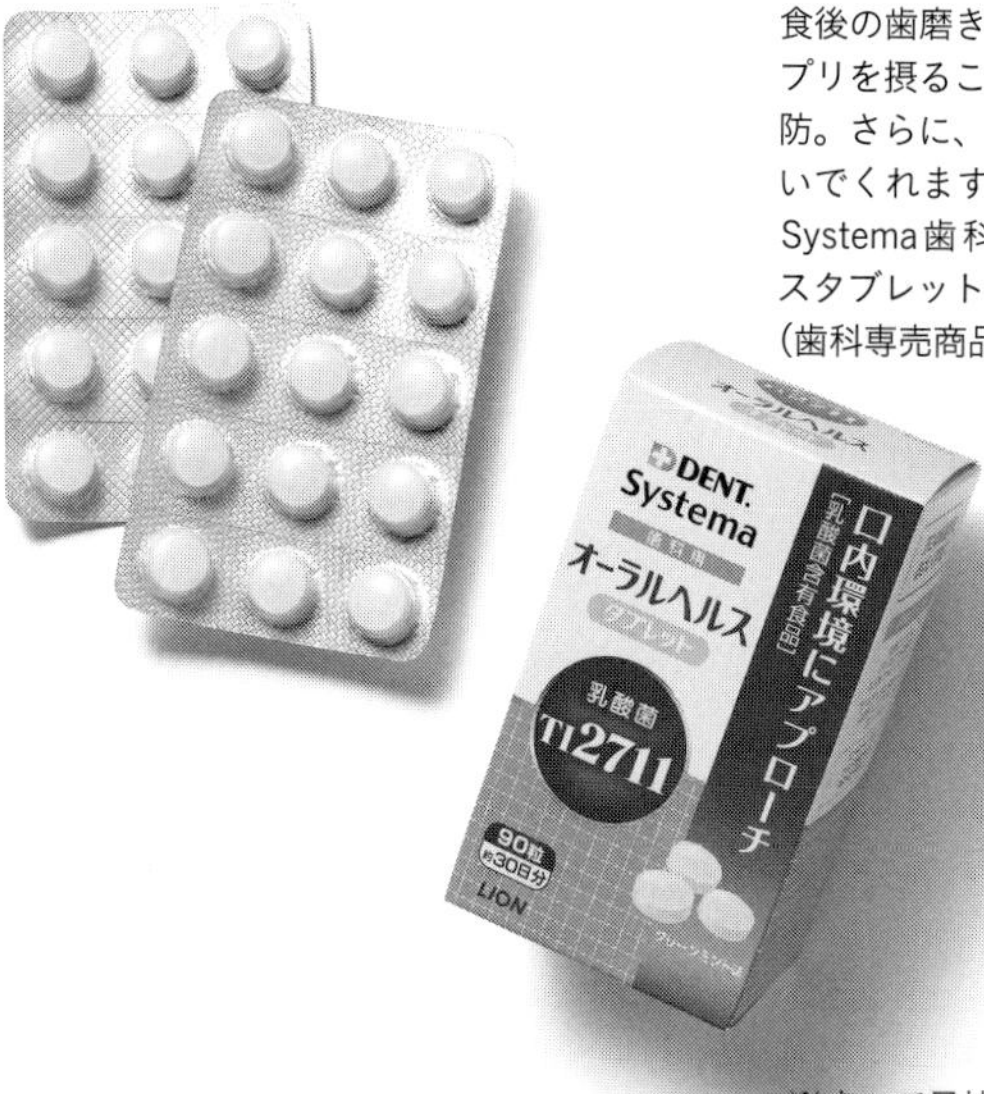

※すべて是枝先生の私物です。

歯を自然に白くしながら虫歯予防をしてくれる

「歯磨き粉は歯周病予防タイプがオススメ」歯に沈着した汚れと歯垢をやさしく落として、歯を自然な白さに戻してくれる歯磨き粉。フッ素が歯質を強化して、虫歯の発生や進行を予防します。シュミテクト® やさしくホワイトニング（医薬部外品）／グラクソ・スミスクライン

皮膚科医オススメの万能化粧品

「洗顔後に使うのは、皮膚科医の知人からすすめられたこの基礎化粧品だけ」。（右）ニキビ痕や開いた毛穴もなめらかに整えてくれるビタミンC配合の美容液。 ディーアールエックス® VCコンセントレート（中）乾燥肌や敏感肌用の保湿用ボディ乳液。ディーアールエックス® AD　パーフェクトバリア® ボディミルク（左）ディーアールエックス® AD　パーフェクトバリア® フェイスミルク／すべてロート製薬（クリニック限定化粧品）

おわりに

美顔術で顔が変わってから、突然、街で声をかけられたり、男性がやさしく接してくれるようになりました。そんな変化に驚きながらも、女性として毎日が楽しくて仕方がありません！

美人になるために必死で努力をして美顔術を編み出し、持論を実践しながら自分の顔を変え、美顔術の本を出すことができました。そして、本書で紹介したマッサージが簡単にできる、デンタル美顔グッズも発売できました。

「モテる顔になる」という夢をかなえてから、願いは次から次へと現実のものに変わっています！　昔の私のように顔がコンプレックスだという方、ぜひ今日から美顔術を始めてください。生まれつきの美人に負けない、努力を知っている賢い美人になって、私と一緒にハッピーな人生を送りましょう！

クリニック＆サロン紹介

アクアタウン歯科クリニック

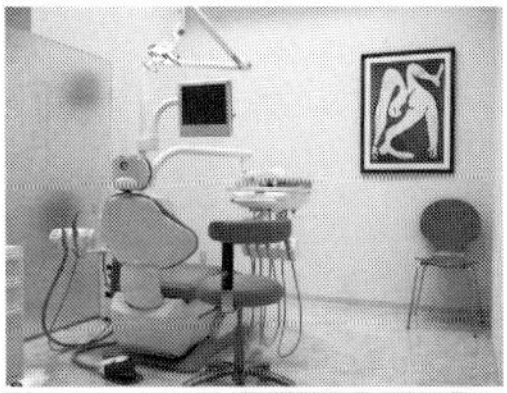

住所：愛知県名古屋市中村区名駅5-3308
アクアタウン納屋橋1F
電話：052-563-1281
開院時間：10:30～14:30、16:00～20:00（月～金）（土曜日は18:00まで）
休診日：日、祝日
URL：http://www.aqua-town.com

一般歯科治療、ホワイトニング、インプラント治療、審美歯科、矯正歯科に至るまで、口腔内＆顔をトータルで診療するクリニック。
＊各種保険取扱　デンタル美顔® カウンセリング＆指導も行っています。

デンタル美顔®・東京サロン

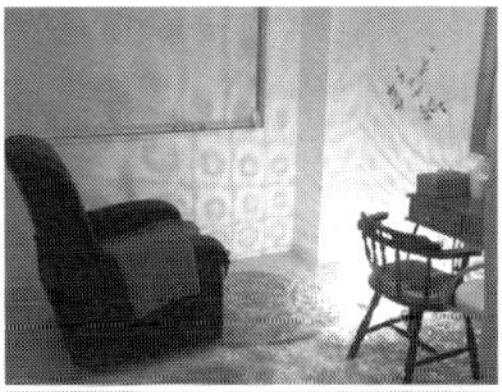

住所：プライベートサロンのため非公開
電話：03-5765-5041
営業時間：お問い合わせください
URL：http://www.dental-bigan.com

デンタル美顔® のカウンセリング＆施術を受けられるサロン。分析器具を使って、自分が12タイプのどれにあてはまるかをチェックしてくれます。オーダーメイドの顔筋トレーニング指導、マッサージが受けられ、さらに自分に似合うメイクのアドバイスも！

Staff

デザイン　成富チトセ（細山田デザイン事務所）
イラスト　藤田美穂
写真　伊藤泰寛（本社写真部）
ヘアメイク　千葉智子（ロッセット）
土方証子
編集協力　山本美和

Special Thanks

細谷まどか
QREATOR AGENT

是枝伸子（これえだ・のぶこ）

歯科医。デンタル美顔®プロデューサー、メイクアップアーティスト。

歯科医の立場から、若く美しく見える顔について研究し、独自のメソッド「デンタル美顔®」を確立。健康な歯の維持、噛み合わせをはじめ、顔筋ピラティスと口腔内筋マッサージ方法などを提案。

名古屋の歯科クリニックにて副院長として勤務する傍ら、東京にあるサロンでもデンタル美顔® の施術を行い、女優やモデルもお忍びで通っている。

講談社の実用BOOK

美《び》人《じん》に見《み》られたければ 顔《かお》の「下《した》半《はん》分《ぶん》」を鍛《きた》えなさい！

歯《し》科《か》医《い》が教《おし》える整《せい》形《けい》級《きゅう》美《び》顔《がん》術《じゅつ》

2015年11月25日　第1刷発行
2018年3月1日　第10刷発行

著者　是枝伸子《これえだのぶこ》

発行者　鈴木哲
発行所　株式会社　講談社
〒112-8001 東京都文京区音羽2-12-21
編集 ☎03-5395-3529
販売 ☎03-5395-3606
業務 ☎03-5395-3615

印刷所　慶昌堂印刷株式会社
製本所　株式会社国宝社

ISBN 978-4-06-299835-2